KLAUS SCHAMBERGER · ICH BITTE UM MILDE VIII

Klaus Schamberger

Ich bitte um Milde

Band VIII

Schonungslose Tatsachenberichte, sogenannte Humoresken, Enthüllungen, hammerartige Erzählungen, teilweise auch im 8 Uhr-Blatt/ Abendzeitung erschienen
Anzeigenentwurf und Gestaltung von Günter Rezab
Technische Direktion: Klaus Zeilein
erschienen im Sigena-Verlag
Klaus Schamberger
8508 Wendelstein bei Nürnberg
Kastanienstr. 6
ISBN 3-9802391-6-0

1. Auflage 1990

Layout und Technik: Klaus Zeilein
Umschlag: Günter Rezab
Entwurf: Heinz Adolf Böhm
Anzeigengestaltung: Günter Rezab
Druckerei: ADV-Augsburger Druck- und Verlagshaus GmbH, Augsburg
Buchbinderei: Verlagsbuchbinderei H. Klotz GmbH, Augsburg

Aus der Welt des Übersinnlichen:

Sterne lügen nicht

Wir haben nur noch zwei Tage bis zum neuen Jahr, und es bewegen uns deswegen jetzt verstärkt die drängenden Fragen zur Zukunft. Bleibt der Bierpreis stabil? Werden die Hosenbeine wieder weiter? Was wird aus unserer nunmehr vor zwölf Jahren beantragten Gehaltserhöhung? Schwindet das seit dem ersten Weihnachtsfeiertag in uns brodelnde Sodbrennen, oder wallt es am Neujahrsmorgen erneut auf? Wann zahlt ein gewisser Walter Kipfer endlich seine Runde Schlehengeist? Ereilen uns im neuen Jahr unangenehme Begegnungen, Hochwasser, Brände, Steuerfahndungen, Nymphomaninnen?

Wie wir wissen hängt alles von den Planetenstellungen von Saturn, Uranus und Neptun im Steinbock sowie Pluto im Skorpion ab. Am 2. Januar tritt Merkur ins Zeichen Wassermann und am 10. Januar ist eine Konjunktion zwischen Uranus und Venus! Alles liegt vollkommen klar und übersichtlich vor uns. Wir brauchen nur unseren astrologischen Kalender um 9,80 DM für das Jahr 1989 studieren und wissen dann schon, daß zum Beispiel am 4. Mai eine Brücke einstürzen kann, wie es in diesem Kalender geschildert wird. Nach groben Schätzungen wird es auf der Welt vielleicht vier Millionen Brücken, Stege, Flußübergänge geben. Jetzt müssen wir lediglich noch herausfinden, welche von ihnen morsch, angerostet, unterspült oder sonst wie baufällig ist. Dann müssen wir trachten, an diesem 4. Mai nicht über sie zu wandeln und entgehen durch die Hilfe der astrologischen Wissenschaft dem sicheren Tod.

Wir können uns anhand des astrologischen Kalenders das ganze Jahr einteilen, daß wir glücklich und zufrieden durchkommen. Die Sterne lügen nicht, ebensowenig wie der Kaffeesatz, Spielkarten, Pendel, Teebeutel und Kristallkugeln. Am 31. Januar hat Venus ein Trigon mit Jupiter, und es herrscht dadurch überall Liebesglück. Wir sollen uns an diesem 31. Januar auf jeden Fall sorgfältig auch an noch so

verborgenen Stellen waschen, pudern und unter den Achseln mit Deodorant einsprühen – nicht, daß an einem eventuell auftretenden strengen Geruch unser vorbestimmtes Liebesglück am Letzten des Monats in letzter Sekunde scheitert.
Im Februar droht über uns eine Vollmondeklipse. Es deutet alles auf Lawinenniedergänge hin, wie uns der astrologische Kalender in dankenswerter Weise warnt. Wir können dabei ohne weiteres von einer noch nie dagewesenen Sensation sprechen, denn seit der ersten urkundlichen Erwähnung im Jahr 1050 ist in Nürnberg nachweislich noch nie eine Lawine niedergegangen. Auch in Fürth, Erlangen, Schwabach und Feucht sind seit Jahrhunderten keine Lawinenunfälle überliefert. Die Lawine am 31. Januar wird dadurch ausgelöst, daß sich im Steinbock Saturn einer Konjunktion mit Neptun nähert. Ende März sollen wir vielleicht ein paar Tage im Bett bleiben, denn es erwarten uns Überschwemmungen, Chemie-Unfälle, Gasexplosionen, Smog, eine Zunahme der Inflationsrate sowie ein Ansteigen der Konkurse am laufenden Band.
Danach haben wir aber das Gröbste des neuen Jahres bereits überstanden. Im September durchströmt uns ein Glücksgefühl, denn es ist für diesen Monat im astrologischen Kalender der Rücktritt vom sogenannten Bundeskanzler Helmut Kohl vorgesehen. Er stolpert über Neptun, Saturn und Jupiter. Wahrscheinlicher ist aber, daß er über seine eigenen Füße stolpert. Im Oktober ist noch einmal ein kleiner Brückeneinsturz und eine Feuersbrunst.
Am 24. Dezember hat der Verfasser des astrologischen Kalenders ermittelt, ist Heiliger Abend. Daraus kann man schon vorsichtig schließen, daß am 31. Dezember Silvester sein wird, wo wir am anderen Früh mit einem exemplarischen Vollrausch, einem unbestimmten Dröhnen im Kopf und einem Geschmack im Mund wie nach Odelgrube erwachen. Einen ähnlichen Generalpreller muß auch der Verfasser des astrologischen Kalenders für 1989 um 9,80 DM während des Schreibens gehabt haben. Obwohl er aus den Sternen wissen hätte müssen, daß die Konjunktion von zwanzig Kästen Bier und drei Karton Wodka nicht spurlos an jemand vorübergehen.

Aus der Welt des Heimatsports:

Dr. Oetkers Wanderpudding

Es beginnt jetzt wieder das Out-Door-Life, wie der Fachmann den vertrauten Umgang mit dem Busen der Natur auch nennt. Zu den wichtigsten Fortbewegungsarten in dieser Natur zählen wir Jogging, Paragliding, Mountainbiking, Parachuting, Skating, Climbing, Rafting, Trecking und für ältere Herrschaften unter Umständen noch Spazierstocking. Das wichtigste beim Out-Door-Life ist das Outfit, das atmungsaktiv sein muß, wasserdicht, schweißabsorbierend, windkanalgetestet, antarktiserprobt, selbstklebend und teuer.

Ein leuchtendes Beispiel für das sinnvolle Outfit sind die stretchfähigen, signalfarbenen Latzhöschen, die uns vom Knöchel bis zum Hals wie ein Schraubstock umgarnen und bei Biker, Jogger, Climber oder Skater gleichermaßen beliebt sind. Angenommen, man will am Wochenende eine Radtour um den Stock machen oder am Glatzenstone klettern, dann springt man bereits am späten Freitag nachmittag etwa von der dritten Etage in den Hinterhof, wo zwei weitere Familienmitglieder schon das hautenge, pinkfarbene Höschen aufspannen. Anders gelangt man in diese Sportkleidung nicht hinein.

Am anderen Früh läßt man sich aufs Fahrrad heben und bietet den interessierten Nachbarn infolge eines kleinen Überhanges in der Bauchgegend den seltenen Anblick, wie eine gut geschnürte Blutwurst morgens um sieben Uhr Fahrrad fährt.
Außer der Erregung öffentlicher Heiterkeit hat die zweite Haut des Out-Door-Menschen aber noch viele andere willkommene Nebenerscheinungen. Zum Beispiel brennt uns nach zehn Minuten Radeln, Rennen oder vom Fels Runterfliegen die Sonne auf den Gimpel, daß wir es vielleicht vor lauter Hitze fast nicht mehr aushalten. In diesem Fall bücken wir uns ganz kurz, das aparte Hemdhöschen platzt auf, und wir stehen luftgekühlt im Freien.
Am Anfang einer Trekking-Tour durch die vordere Goldbach-Klamm, wo wir noch auf wenige gleichgesinnte Kameraden treffen, kommen wir uns in dem bunten Bodystocking vielleicht noch ein bißchen blöd vor oder wie ein zum Laufen verdammter Kanarienvogel. Aber bereits nach wenigen Kilometern wird die fröhliche Schar der Ganzjahres-Karnevalisten größer und größer, die Farben bunter und die Korsetts immer enger. Bald sitzen Jogger, Biker, Climber, Surfer irgendwo fröhlich vereint auf einer Waldlichtung, nehmen gemeinsam ihren Müsli-Riegel zu sich und prosten sich mit einer Maß Mineral-Drink zu.
Nach dem Genuß des Mineral-Drinks nähert sich schon nach wenigen Minuten die bei jedem Latzhöschen-Träger gefürchtete Phase der Notdurft hinter einem Baum. Dazu muß er teilweise irgendwie aus seinem Ganzkörper-Strumpf schlüpfen, was mit vielerlei Gefahren verbunden ist. Der Jogger, Climber oder Biker windet sich dabei wurmähnlich von einer kleinen Öffnung in die andere, verwechselt den Fußschlitz mit dem Kragen, gerät in Panik und liegt dann oft wochenlang wie ein selbstgehäkelter Seemannsknoten auf dem Fahrradweg nach Cadolzburg.
Sonst wirkt ein Body-Suit aber durch eine Anschmiegsamkeit immer sehr sexy und auf das andere Geschlecht außerordentlich erregend. Außer wenn der Sportsmann nach getaner Freizeitarbeit daheim am Ehebett die Sportkleidung auszieht und die zwei Zentner Höschenfüllung sich befreit im Zimmer ausbreiten wie Dr. Oetkers abgeschlaffter Wanderpudding.

Das peruanische Mützenlama

Das Lama trifft man bekanntlich in Südamerika in den Gebirgstälern der Anden bis hinunter nach Feuerland. In einem Schoppershofer Wirtshaus trifft man das Lama, das zur Familie der höckerlosen Kamele zählt, allerdings seltener an. So war die Verwunderung des Gastwirtes Erwin verständlich, als an einem Freitagabend im April erst ein sehr exotisch gekleideter Herr Rudi in seiner Kartelwirtschaft erschien, danach ein langer Strick und fünf Meter danach am Ende des Strickes ein peruanisches Mützen-Lama.
Es war aber, wie sich später herausstellte, ein ganz normales Lama, das spuckt, beißt, Schafkopfkarten frißt und in Wirtshäusern exkrementiert wie alle anderen Lamas auch. Die Mütze hatte ihm der Lamaführer Rudi wahrscheinlich nur deswegen aufgesetzt, weil er schon verschiedene hochgeistige Getränke zu sich genommen hatte und seinen südamerikanischen Begleiter gegen die in Franken besonders verbreitete überfrierende Aprilnässe am Kopf schützen wollte.
Der Rudi hat mit seinem peruanischen Liebling eine Runde durch das Gasthaus gedreht, das Lama mit einem Haselnußstecken vor sich her getrieben, mit einem Schild in der Hand „Tiere in Not“ und hat mit seiner Sammelbüchse gescheppert, daß man reichlich spenden soll. Dann hat der Rudi Platz genommen und seine Bestellung aufgegeben: „A Halbe, an dobbldn Himbi und an Aamer Wasser.“ „Dir gibbi glei aa

Aamer Wasser", schrie der Erwin, „schau blouß, dassdi schleigsd! Mir sin doch dou nedd im Diergarddn!"
Dabei muß es zu einer unvorsichtigen Drohgebärde gekommen sein. Das Mützen-Lama fletschte die Zähne, und man hatte erst den Eindruck, daß es lacht. Es war aber ganz im Gegenteil ziemlich verärgert, wie sich Sekunden später herausstellte. Das Mützen-Lama rannte durch das Wirtshaus, biß der ängstlich herumfuchtelnden Bedienung in die Hand und verrichtete anschließend am Stammtisch seine Notdurft in Form von einigen Lama-Äpfeln.
An Durst litt der Gast aus Südamerika nicht so sehr wie an Hunger. Denn einen Tisch weiter, wo vier Herren trotz der zoologischen Sensation in aller Ruhe weiter Schafkopf spielten, fraß das inzwischen etwas nervös gewordene Lama einem Gast beim Ausspielen der Schelln Sau alle acht Karten aus der Hand.
Danach griff ein im Lokal anwesender Rauhhaardackel das ihm völlig fremde Wesen mit lautem Gebell an und erntete dafür einen Huftritt, daß er jaulend unter den Tisch flog. Viele Gäste hatten sich hinter die Theke geflüchtet oder waren auf die Tische gesprungen. In einer kurzen Gefechtspause schrie der Lamaführer Rudi: „Gräich iich edzer mei Bier, an dobbldn Himbi und an Aamer Wasser!?"
Der Rudi, der mehr für sich selber als für Tiere in Not sammelt, bekam weder sein Bier, noch seinen doppelten Himbeergeist oder einen Eimer Wasser für seinen treuen peruanischen Gefährten, sondern eine Anzeige wegen Hausfriedensbruch, Tierquälerei und Betrug.
Bei der Verhandlung am Amtsgericht stellte sich heraus, daß er schon wegen einem ähnlichen Vorfall mit drei randalierenden Bergziegen zu einer Geldstrafe von 1200 Mark verurteilt worden war. So entschied sich jetzt der Richter, die kleine Tierschau im Wirtshaus mit vier Monate auf Bewährung und einer Geldbuße von tausend Mark zu ahnden.
Der lamageschädigte Erwin, der als Zeuge ausgesagt hatte, war aber dennoch sehr skeptisch. „Iich reiß scho awalln die Deggn zum erschdn Schduug ba mir raus", sagte er, „im Fall, daß der Zirgusdireggder es nexde Mool mid anner Giraffn ins Werzhaus kummd."

Ein Wander-Tausender im Dunkel der Marktwirtschaft

Es ist aus der laufenden Rechtsprechung bekannt, daß eine Wirtschaftsstrafsache häufig ein sehr kompliziertes Gebilde ist. Man verkauft vielleicht ein U-Boot nach Südafrika, oder nur die Pläne für ein U-Boot. Und alles verliert sich dann im Dunkel eines Untersuchungsausschusses, wo auch allerhöchste Persönlichkeiten am Ende nur noch eine schemenhafte Ahnung haben, daß vielleicht möglicherweise Pläne für eine Taucherbrille an eine Kanalisationsreinigungsfirma in Großreuth geschickt wurde, wo die Putzfrau einen verstorbenen Großonkel hat, der Briefmarken aus Südafrika sammelt. Dieses Verfahren nennt man Spurensicherung.

So eine exakte Spurensicherung hat auch im Verfahren gegen den Paul stattfinden müssen, dem irgendwie tausend Mark aus den Händen in das Dickicht eines Wirtshausstammtisches abgeglitten sind.

Der Gläubiger, ein gewisser Herr Werner, wartet seit zweieinhalb Jahren, daß dieser Wander-Tausender wieder auftaucht. „Daadsache is“, sagte der Werner vor Gericht, „daß iich dem Windbeidl an Dausnder gleid hob und dassern nedd zriggzoohld.“ „Daadsache ist“, erwiderte daraufhin der angeklagte Paul, „daß der Moo läichd. Wall iich hob nemli vom Alfred nu vierhunderd Marg gräichd und in Helmud hobbi an leichd gebrauchdn Fideorekorder geem g'habd. Ba dem binni mid an Fimbfhunderder klamm gween. Abzüglich den Fideorekorder – machd drei Blaue im Blus. Und wäis in Werner sein Schein zwiggd g'habd hom, hobbin nach Bad Kissingen in die Schbillbank gfoohrn. Dou woorn Zwaahunderd Marg Foohrgeld ausgmachd, eimbfach. Und zeha Brozend Gewinnbedeilichung. Gwunner hodder nix – dos sin nou zeha Brozend vo nix, also null Marg. Dann däi vierhunderd bam Alfred, dreihunderd bam Helmud und vierhunderd Marg Benzingeld – dou gräicherd iich nemli vom Werner an Blauer. Und nedd er von mir an Brauner! Verschdenger'S mi, Herr Richder!?“

Der Herr Richter verstand es vorläufig nicht und ließ sich dann belehren, daß der Paul unter Umständen seine Forderungen an die Herren Alfred und Helmut an den Werner abgetreten hat. „Ja, momend amol“, sagte der Werner, „erschdns ist der Fideorekorder, wäi nern iich gräichd hob, korzz dernouch vo der Bollizei abg'hulld worn, waller gschdulln woor. Zweidns gräich iich vom Alfred ja nu vuur zwaa Joohr die Weihnachdsgraddi, däi wou er obber scho an Baul verbfänded g'habd hood. Und driddns mecherdi amol gloorschdelln: Wenni jemand an Dausnder gib, nou mecherdi widder an Dausnder zrigg und kann Fideorekorder, die Griminalbollizei und a kosdnlose Fußwanderung nach Kissingen. Wall der hodd mi ibberhabbs nedd middn Audo gfoohrn! Verschdenger'S mi, Herr Richter!?“

Nach zweieinhalb Stunden stellte der Herr Rat Spurensicherung und Verfahren ein. Jetzt muß der Werner einen Untersuchungsausschuß einberufen, damit der Tausender vollends im Dunkel der Wirtschaft verschwindet.

Der Bettenbau zu Johannis

Nur noch wenige Luxusartikel, wie zum Beispiel das Sardinenweckla, die Tageszeitung oder den doppelten Sechsämtertropfen erhält der Kunde heutzutage beim Kauf in einem halbwegs fertigen Zustand. Schon beim Erwerb eines Hefeweizen kapituliert die Bedienung auf halber Höhe, und der Gast muß sich den Rest des explosiven Getränks tropfenweise innerhalb einer Stunde selbst mühsam von der Flasche ins Glas schenken. Ähnlich verhält es sich mit dem Erwerb von Abholmöbeln.

Ein komplettes Ehebett mit Lattenrost, Side- und Overboard etwa erwirbt man in drei handlichen Packungen. Das eine Paket besteht aus Brettern, das andere aus Schrauben und Dübeln, und das dritte enthält eine Anleitung zum Zusammenbauen.

Wegen der Verzweiflung vor so einem Möbel-Puzzle hat sich ein handwerklich nicht sehr begabter Herr Bruno wegen Nötigung vor Gericht verantworten müssen.

Nach Erhalt dieser drei Pakete hatte der Verkäufer den Bruno in völliger Sicherheit gewiegt: „Des is ibberhabbs ka Broblem. In zwanzg Minuddn hom'S des zammbaud. Iich hobs sugoor schon innera Värddlschdund zammbrachd." Daheim studierte der stolze Besitzer eines neuen Ehebetts als erstes die Bauanleitung. „Iich hob kein Wordd verschdandn", sagte er vor Gericht, „und nou binni zu mein Freind an Schdogg under mir ganger und hobs nern zeichd. Der hodd gsachd, daß däi Gebrauchsanweisung endweder aff holländisch gschriem is oder flämisch. Mei Freind konn an haafn Fremdschbroong, obber holländisch und flämisch nedd. Und nou hobbis hald ohne Gebrauchsanweisung zammbaud."

Der Bettenbau zu Johannis ging anfangs zügig voran. Bis die Ehefrau vom Bruno anmerkte, daß es sich um keine Gartenlaube handelt und folglich sich über den beiden Betten kein dachartiges Gebilde befinden kann.

Nach längeren Überlegungen, in denen auch die Möglichkeiten einer sofortigen Ehescheidung diskutiert wurden, stellte sich heraus, daß es sich bei dem Dach um den Lattenrost handelt. „Korzz vuur Middernachd", sagte der Bruno, „hobbi mi middn Schraumzieher zwaamol schwer verledzd g'habd, und jeeds mool, wenni die ledzde Laddn in den Laddnrosd neiglemmd hob, is mir die vuurledzde Laddn wäi a Kaddabuld am Kubf naafgschnalzd."

In seiner Verzweiflung erinnerte sich der Bruno an die Worte des Möbelverkäufers und an seine Visitenkarte. Zehn Minuten später läutete es mitten in der Nacht an der Wohnung des Leiters der Selbstabholer-Abteilung. Unter Androhung schwerer Gewalt mußte dieser Herr Karl mit in die Wohnung vom Bruno fahren. „Innerhalb von anner Värddlschdund", brüllte ihn der Bruno an, „bausd du des Bed zamm!! Sunsd hau iich dir den Laddnrost iibern Scheedl, dassdi morng läiber in die Kubfkissnabdeilung versedzn lässd!"

Aus der Viertelstunde wurde es nichts. Denn auch der Fachmann aus dem Möbelgeschäft sprach nur gebrochen flämisch oder niederländisch. Erst gegen drei Uhr früh war das Ehebett einigermaßen bezugsfähig. Wegen der unmenschlichen Anordnung einer Zwangsarbeit wurde der Bruno zu einer Geldstrafe von 800 Mark verurteilt. Der Mißbrauch von Möbelverkäufern, auch wenn sie das Blaue vom Himmelbett herunterlügen, ist nämlich gesetzlich streng verboten.

Wenn der Klempner stöpseln will

Gewöhnlich sind Badewannen dazu da, daß man in ihnen badet, das Schnorcheln für den Tiefsee-Urlaub trainiert oder die Seifenschale in ihrer Eigenschaft als Passagierdampfer mit Mann und Maus versenkt. Ein gewisser Installateurmeister Helmut hat in der Badewanne der Frau Helga angeblich was ganz anderes versenken wollen und ist wegen unsittlicher Vorkommnisse während einer sehr denkwürdigen Seeschlacht vor Gericht gestanden.

Eigentlich hätte der Helmut an diesem Montag früh lediglich ein Leck in dieser Badewanne beseitigen wollen. „Iich laß es Wasser neilaafn“, erläuterte die Helga dem Handwerker, „und bissi mi auszuung hob, is in der Boodwanner scho widder Ebbe. Und iich find eimbfach des Luuch nedd, wou des Wasser suu schnell dervoo läffd.“ Zur Behebung des Schadens wollte der Helmut anscheinend realistische Bedingungen herstellen. „Es besde werd sei“, teilte er der erstaunten Dame mit, „daß Sie edzer amol a Wasser neilaafn loun und nou hoggns Ihna in die Boodwanner nei.“ Worauf die Helga kurz nachfragte, ob sie richtig gehört hat und ob der Herr Installateur vielleicht nicht mehr ganz richtig tickt. „Iich

glaab“, sagte sie, „daß Ihna die Lufd nedd goud doud. Iich hogg mi doch nedd vuur Ihna naggerd in die Boodwanner nei!“
Aber der Installateur bestand auf dem lebensnahen Test. „Bam Doggder“, besänftigte er seine Auftraggeberin, „dou kenner'S doch aa nedd middn Windermandl dorddnschdäih, wenner horng will, ob es Herz nu bumberd. Also mach ka Deooder und hogg di nei. Es is doch nerblous weecher der Wasserverdrängung.“ „Ihr Verdrängung kenni scho“, wehrte sich die Helga noch schwach, „obber däi gäid miich nix oo. Iich will des Luuch rebbarierd hoom und sunsd goornix.“
Nach längeren Verhandlungen erklärte sich die Dame mit der porösen Badewanne dann bereit, daß sie dem Helmut insofern entgegenkommt, als sie sich mit einem Badeanzug bekleidet in die Wanne legt. Sie erschien mit einem an sich nicht so sehr aufregenden Strick-Einteiler, Marke Haifisch-Schreck, und stürzte sich in die Fluten. Nach einigen schwülen Bemerkungen krempelte der Helmut die Ärmel von seinem Hemd hoch und begann unter Wasser nach dem Leck zu fingern. „Wou der gsouchd hodd“, empörte sich die Helga vor Gericht“, „dou hodds aff goor kann Fall sei kenner. Und aff aamol fängder oo und zäichd si aus. Daß seine Kleider nedd nass wern, hodder gsachd. Und nou hodder mi gfrouchd, obber in Schdöbsl neidou soll!“
Zu dem Zeitpunkt war der Helga endgültig klar, daß sich der Klempner für den Defekt an der Badewanne überhaupt nicht mehr interessiert. „Hau blouß ab mid dein Schdöbsl“, schrie sie, sprang blitzschnell aus dem Wasser, sperrte die Tür des Badezimmers von außen ab und meldete bei der Polizei telefonisch, daß sich bei ihr ein als Handwerker getarnter Unterwasser-Sittenstrolch befindet.
Weil sich der Helmut bei seiner Schilderung des Stöpsel-Problems in verschiedene Widersprüche verwickelte, hielt ihn der Amtsgerichtsrat der schamverletzenden Annäherung an eine unfreiwillig badende Dame für schuldig. Er wurde zu einer Geldstrafe von dreitausend Mark verurteilt. „Bläide Sunner“, murmelte der Helmut beim Verlassen des Gerichtssaales, „däi hodd ka Leck in der Boodwanner, sondern an Dachschoodn.“

Die Polizei, dein Freund und Türöffner

Bekanntlich sind die Probleme mit dem 1957 gegründeten Vertriebenenbund nicht gering. Fast unlösbare Probleme hatte jetzt aber auch ein gewisser Josef M. aus Gebersdorf mit seinem erst vor einem halben Jahr gegründeten Schlüsselbund. Obwohl dieser Josef M. ursprünglich vollkommen unschuldig war, mußten die von seinem Schlüsselbund ausgehenden Vorkommnisse in einer stürmischen Dezembernacht jetzt vor dem Amtsgericht behandelt werden.
Der Josef ist an jenem Abend schwer gestreßt und leicht betrunken von der Arbeit heimgekehrt, hat den Schlüsselbund aus der Tasche gezogen und die Haustür aufsperren wollen. Aber der Schlüssel ist auch mit Anlauf aus ungefähr fünf Metern und leichten Hieben mit der Thermosflasche, die der Josef immer in der Aktentasche hat, nicht ins Schloß gegangen. Lediglich die Thermoskanne ist nach dem dritten Schlag durch vollständiges Zersplittern geöffnet gewesen.
Die Mitternacht war bereits herniedergesunken, und der Josef ging ins gegenüberliegende Wirtshaus und fragte dort nach einer Taschenlampe. Auch trank er hastig noch zwei Pils. Danach probierte er den Schlüssel im Schein der Taschenlampe wieder, und wieder paßte er nicht. Als nächstes ließ er sich im Gasthaus über der Straße den Schlüssel-

bund sowie zwei weitere Pils aushändigen. Doch auch der Schlüssel des Wirts sperrte nicht.
Völlig entnervt wankte der Josef erneut über die Straße und erkundigte sich, ob zufällig ein Schlosser anwesend sei oder ein Brecheisen. Nach mehreren Pils fand sich ein Schraubenzieher. Mit dem stocherte er erst eine halbe Stunde im Schlüsselloch herum und begann dann das Klingelschild abzuschrauben, so daß es in verschiedenen Stockwerken nachts um dreivierteleins mehrfach läutete.
In dem Moment, wo der Josef auf zwei übereinander gestapelten Kehrichteimern stand und auf den Zehenspitzen versuchte, das Oberlicht der Haustür mit dem Schraubenzieher einzuschlagen, erschien die Polizei. „Wos mach nern Sie dou?" fragte der Polizist den schwankenden Mülltonnen-Akrobaten. „Wer, iich??", fragte der Josef zurück. Der Polizist: Fraali Sie! Odder maaner'S, mir sin kummer, wall i aweng mid däi zwaa Kehrichdaamer blaudern mecherd?" Der Josef: „Worum nedd? Däi kenner ihr Glabbn nu weider aafreißn wäi a Polli!"
Sekunden später kamen die Kehrichteimer ins Wanken, der Josef knallte aufs Pflaster, rappelte sich aber sofort wieder auf und ging auf den Polizeimeister los. „Du Dreegsau", brüllte er in einem bereits vertraulicheren Umgangston, „du hosd middi Fäiß an die Kehrichtdaamer hiig'haud! Dein Freund und Helfer willsd du sei! A Drimmer Oorschluuch bisd, und sunsd nix! Schau läiber, dassd mer mei Diir aafschberrsd!"
Jetzt bei der Verhandlung konnte sich der Josef an die starken Mängel im höflichen Umgangston mit Polizeibeamten nicht mehr erinnern. Auch daran nicht, daß er seinen Worten mit dem Schraubenzieher in der einen Hand und mit einer zerbrochenen Thermosflasche in der anderen tätlichen Nachdruck verleihen wollte. Es stellte sich am anderen Tag allerdings heraus, daß der Josef auf Hausnummer 20 wohnt und infolge seiner leichten Pilsvergiftung andauernd versucht hat, die Tür von der Hausnummer 22 zu öffnen.
Wegen Widerstands gegen die Staatsgewalt wurde er zu einer Geldstrafe von 2400 Mark verurteilt. „Und in Zukumbfd", riet ihm sein Rechtsanwalt, „wenn'S vo der Ärwerd hammkummer, nou nehmer'S immer a Werkzeichkisdla miid."

Kalte Liebe kostet nichts

Den alleinstehenden Herbert hat eines schwülen Winterabends ein frühlingshafter Drang ergriffen. Es war nach seinem eigenen Bekunden Alarmstufe eins in den Lenden. Er hat aus dem Depot für besonders dringende Fälle einen Hundertmarkschein entnommen und seinen Trieb mit der gebotenen Vorsicht in Richtung Plärrer an die Frauentormauer balanciert. Jetzt hat der Verbleib der hundert Mark gerichtlich geklärt werden müssen, denn der Herbert war mit dem Gegenwert seitens einer Dame namens Heidi nicht sehr zufrieden.
Bei den Verhandlungen am Fenster hat diese Heidi für hundert Mark eine Orgie versprochen, gegen die die bekannten wüsten Ausschweifungen mittelalterlicher Päpste höchstens wie das Liebesleben der Amöbe wirken. Er hat also die Gemächer der Lüste betreten, seinen Hundertmarkschein abgegeben, sich ausgezogen und über die Heidi gebeugt. Sekunden später erscholl ein schriller Aufschrei durch das Haus. „Iich hob nunni richdich oogfangd", erinnerte sich der Herbert jetzt noch mit Entsetzen vor Gericht, „dou is aff aamol direggd aff mein Hindern wos Kalds gween. Wäi wemmer anner an Eiswürfl draffbressn dääd."

Es war aber kein Eiswürfel, sondern die Kühlerschnauze von einem deutschen Schäferhund, der seinen Kopf am Herbert seinem Hintern aufgelegt hat. An seinem klugen Blick hat man erkennen können, daß er an dem Treiben des Gastes sehr interessiert war. „Iich woor“, sagte der Herbert, „middi Nervn fix und ferddich. Obber den Frollein is des worschd gween. Däi sachd zu mir, iich soll ka Kaschberla aaffihrn und schauer, dassi ferddi wer. Wall wenns middern jeedn Freier suu a Deooder hädd, nou hädds die Beamdnlaufbahn aa eischloong kenner.“
Daraufhin versprach der Herbert, daß er sich schon schickt, aber die Heidi soll den Hund von seinem Hintern entfernen. „Hobb Muggi“, befahl daraufhin die Heidi, „leedchdi widder in dei Körbla. Der Moo hodd Angsd, dassd nern wos wechbeißd.“ Der versprochene Garten der Lüste ist aber dann nur noch ein dunkler Hinterhof gewesen. „A bissla wos“, sagte der Herbert, „is nou scho nu ganger. Obber iich hob mi aff nix mehr konzendriern kenner, Herr Richder. Jedesmol wenn des Drimmer Viech in sein Körbla gnurrd hodd, nou is mir eiskald in Hindern nooglofffn.“
Nach einer Viertelstunde bat der Herbert seine bereits stark gähnende Braut, ob er sich nicht wenigstens eine Decke drüberziehen kann. Für den Fall, daß die kalte Schnauze vom Mucki wieder auftaucht. „Ner fraali“, sagte die Heidi, „du konnsd aa nu a Nachdhemmerd hom und a Zibflmidzn und nocherdla leeng mer in Herrn vielleichd nu a Wärmflaschn am Hindern!“ Kurz danach war dann das starke Liebeserlebnis für hundert Mark beendet. Der Herbert hat noch eine Beschwerde anbringen und wenigstens einen Teil der hundert Mark zurück haben wollen. Aber da soll die Heidi dann nur „Muggi“! gerufen haben, und schon ist der Herbert überstürzt, unvollkommen bekleidet und schlecht bedient die Treppen hinuntergestolpert.
Weil diese Dame schon mehrfach mit ihrem Mucki Kunden zur Verzweiflung gebracht hat, muß sie wegen des Mißverhältnisses zwischen Preis und Leistung eine Geldstrafe von zweitausend Mark zahlen. „Iich wass aa nedd, wos der hodd“, sagte die Heidi zum Schluß, „manche sin ganz nersch draff, wenn mei Muggi mid seiner kaldn Schnauzn kummd.“

Aus dem Nürnberger Nachtleben:

City-Sausage in Concert

Gestern früh um neun Uhr hat die Nürnberger Spielwarenmesse wieder ihre bewährten Pforten geöffnet. Und wenn sie abends die Pforten wieder schließt und aus ihnen vierzigtausend Angehörige des internationalen Fachpublikums strömen, wissen diese Menschen nicht, was sie die ganze Nacht bis zur erneuten Pfortenöffnung machen sollen. Die wenigsten Gäste werden ahnen, daß die einstmals für ihre Reichsparteitage berüchtigte Stadt auch ein sehr ausgedehntes Nachtprogramm für ihre Touristen bereithält. Es dehnt sich von Laufamholz im Osten bis zur Kläranlage im Westen aus, vom Südfriedhof – wie der Name schon verrät im Süden – bis zum Sebalder Reizwald im Norden. Überall kann man sich nachts auf teilweise gut markierten Wegen ungehindert ausdehnen. Ein sehr schönes Programm bietet die Gegend hinter Buchenbühl, wo sich jeden Abend Fuchs und Hase gute Nacht (Good Night) sagen.
Keine Polizeistunde hat auch die Nürnberger Fußgängerzone, die vom Königstorturm (King's Door-Tower) bis zum Plärrer (Caller) durchgehend geöffnet ist. Diese etwa drei Kilometer lange Nachtstrecke ist vor allem für Individualisten zu empfehlen, die die Einsamkeit lieben. Sie wird oft auch liebevoll Einzelgängerzone genannt.
Selbst nach Einbruch der Dämmerung ist das kulinarische Angebot in der Innenstadt noch reichhaltig und bietet für jeden Gaumen etwas. Etwa in der Osthalle des Hauptbahnhofs eine Portion Stadtwurst mit Musik (City-Sausage in

Concert), einen Satz heiße Ohren (Hot Ears) von der Bahnhofspolizei oder Sechs mit Meerrettich (Sex with Horserabbish) in der Dose. Oder ein oozullds Buddlasbaa (Chicken wing).

Nach neuesten Erhebungen bieten fast alle Nürnberger Hotels ohne Aufpreis einen Hosenbügelautomaten. Gut gestärkt und frisch gebügelt begibt sich dann der Herr vielleicht in Nürnbergs sündige Meile (Centimeter), wo die Freuden der Lust hemmungslos und ungezügelt über ihn hereinbrechen. Sie befindet sich in der Nähe der Ottostraße (Ottostreet) und kostet fünfzig Mark. Es ist nicht zu verfehlen. Wenn man wenige Minuten nach dem Germanischen Nationalmuseum auf eine Dame trifft, die am Fensterbrett sitzt, strickt und zu einem sagt: „Kummst aweng rei, fiir an Fuchzger alle zwaa naggerd", dann ist man richtig. Für den Fall, daß die Kontaktgespräche infolge eines vom Gast ins Spiel gebrachten Messerabattes abgebrochen werden, sagt die Dame „Roll di, Doldi" (Good bye).

Kulturell bietet das Nürnberger Nachtleben ebenfalls Sehenswertes. Im Opernhaus zum Beispiel den mehrteiligen Krimi von Mozart „Die Entführung aus dem Serail", im Schauspielhaus einen Fachvortrag des Münchner Generalintendanten August Everything „Der Mauer muß weg" und in der Nachbarstadt Erlangen am 13. 2. um 20 Uhr die Winterreise von Franz Schubert, wahrscheinlich ein Diavortrag.

Der Höhepunkt des Nürnberg-Fürth-Erlanger Nachtlebens ist nicht, wie Kenner vielleicht vermuten möchten, Fürth, sondern der Besuch des Nürnberger Planetariums. Dort ist es immer Nacht. Über das neue Winterprogramm im Planetarium kann man im „Aktuellen Monatsmagazin für Nürnberg, Fürth, Erlangen" lesen: „Im Mittelpunkt der Planetariumsschau stehen die Wintersternbilder und ihre Sagen, eine Reise zu den fernen Sonnen und Gaswolken der Milchstraße und zu Weltinseln, die zu vielen Millionen das Universum füllen." Auch Nürnberg bei Nacht ist eine sehr beeindruckende Weltinsel, die mit ihren Gaswolken das Universum füllt.

Aus der Welt der Synthetik:

Der Pharma-Farmer

Wie man hört, sollen die modernen Zeiten jetzt auch im Knoblauchsland eingeführt werden, daß sich dort die Wachstumsrate vom Sellerie erhöhen und die Petersilie für den europäischen Binnenmarkt gerüstet ist. Nämlich will man die Vitaminprärie zwischen Großgründlach und Kleinreuth mit Gewächshäusern bedecken. Von diesen Kohlrabi-Kasernen geht auf die darin wachsenden Pflanzen und dadurch auch auf den Menschen eine wohltuende Wirkung aus, wie wir vom Hollandgemüse in den Supermärkten bereits wissen.
Auch der mittelfränkische Radieschen-Farmer ist dann nicht mehr von den lästigen Begleiterscheinungen der Natur wie zum Beispiel dem Wetter, Jahreszeiten oder Wühlmäusen abhängig. Im Gewächshaus herrscht der Mensch und Ordnung und sonst nichts. Wer in der Norma schon einmal einen grünen Salat nicht nur gekauft, sondern anschließend zur Überraschung seines Gaumens auch gegessen hat, weiß Bescheid.
Dieser unter der Obhut eines Glasdachs aufgewachsene Salat erinnert uns geschmacklich auf irgendeine geheimnisvolle Art und Weise an überhaupt nichts. Man könnte statt dem Hollandsalat auch die Blätter eines Stenoblocks zu sich nehmen, gedünstete Fingernägel oder fein gehobelte Preßspanplatten. Farblich ist der tiefgrün lackierte Salat allerdings allen anderen in Frage kommenden Materialien vorzuziehen.
Ähnlich verhält es sich auch bei anderen Gemüsesorten aus der Intensivstation des fortschrittlichen Landmannes. Wie oft haben zum Beispiel Kleinkinder bei der mittäglichen Mast mit Spinat wegen dem durchdringenden, erbärmlichen Geschmack dieser Pflanze in hohem Bogen über den Tisch speien müssen. Der Zimmerspinat ist vollkommen geschmackfrei und wird deswegen von Jung und Alt gern weggeschmissen. Es kommt nicht mehr zu Exzessen aus dem Hals.

Der Rettich hat ebenfalls seine Schrecken verloren. Dunkel erinnern wir uns an die Zeiten, wo ein Rettich oft so scharf war, daß wir bei der Brotzeit bittere Tränen vergossen haben. Jetzt sind Rettich, Radieschen und die hundsgemeine Perlzwiebel entschärft und schmecken sanft und wohlig nach nichts. Wir könnten zum Weizenbier statt Rettich ohne weiteres auch eine Knetgummistange oder ein halbzölliges PVC-Rohr essen.

Durch das Neutralisationsverfahren im Gemüsebau ergeben sich auf einer gemischten Salatplatte im Wirtshaus allerlei kurzweilige Gesellschaftspiele wie zum Beispiel das beliebte Beilagen-Raten. Man beißt in etwas hinein und muß dann raten, ob es ein kunstgedüngstes Gurkenscheibchen ist, eine Brechbohne, Paprika oder Pappdeckel. Größere Kohlrabischeiben kann man umgekehrt auch als Bierfilz verwenden. Weit fortgeschritten sind vor allem die Tomatenzüchter. Früher hat man diese Früchte nur im Sommer essen können, weil sie zum Beispiel im Januar bei zwanzig Grad unter Null aus unerfindlichen Gründen das Wachstum verweigert haben. Jetzt sprießen diese ganz intensiv nach nichts schmekkenden Styroporkugeln gleichermaßen im Herbststurm, am Heiligen Abend und in Grönland. Wer den früheren Geschmack von Tomaten schätzt, kann sich Ketchup-Klößchen formen.

Überhaupt muß man nicht meckern, daß das europäische DIN-Gemüse auf unserem Geschmackssinn den Eindruck von nichts hinterläßt. Denn gleichzeitig mit den Zuchterfolgen auf dem Gebiet der binneneuropäischen Einheitsfrucht gelingen ja auch er Aroma-Industrie im Herstellen von Geschmack und Geruch aufstoßerregende Fortschritte. Auf der nächsten Amsterdamer Flurbereinigungsmesse im Herbst soll wieder eine Neuheit präsentiert werden: die Mehrbereichsbanane in Form eines Kürbis mit Dreiwege-Katalysator, Metallic-Lackierung gegen Aufpreis und wegwerfbar in den synthetisch hergestellten Geschmacksrichtungen Apfel, Lavendel, Maiglöckchen, Fußschweiß oder Backsteinkäs. Hoffentlich sind die fränkischen Gemüse-Pharmer im Kunstlauchland auch bald so weit.

Der Staumeister

Ein wesentlicher Teil der Fahrt in den Urlaub besteht bekanntlich aus dem Einpacken der sieben bis acht Koffer, zahlreicher Plastikbeutel, Bierkästen, riesiger Lunchpakete, der Filmausrüstung, der Bettwäsche und, falls noch Platz im Auto ist, der Urlaubsteilnehmer. Es erfordert das Geschick und den Überblick eines Staumeisters im Nürnberger Hafen, wenn er ein Frachtschiff mit fünftausend Bruttoregistertonnen belädt.
Der Erwin war diesen Anforderungen nicht gewachsen. Das Vollstopfen seines Container-Autos endete vor dem Nürnberger Amtsgericht. Um fünf Uhr früh hatte dieser Erwin mit seiner Familie die Reise von Zabo nach Kaltern in Südtirol antreten wollen und ist deswegen bereits kurz nach Mitternacht mit fragenden Blicken vor seinem Auto und zirka zwei Tonnen Urlaubsgepäck gestanden.
Als er gerade mit einer Hand eines der vier Mountain-Bikes am Autodach umklammert hatte, mit der anderen einen großen Sonnenschirm ausbalancierte, mit der großen Zehe versuchte, den für die Befestigung des Mountain-Bikes notwendigen Schraubenschlüssel vom Boden aufzuheben und alles in sich zusammenzustürzen drohte, erschien sein Nach-

bar, ein gewisser Herr Max, auf der Bildfläche. Er war auf dem Heimweg vom Wirtshaus. „Gäih her", sagte dieser Max, „iich helf der aweng. Des bissla Zeich hommer doch in Nullkommanix im Audo drinner."

Er griff beherzt zu und es fiel sogleich das noch nicht richtig befestigte Mountain-Bike vom Autodach in die Tiefe. „Lang ja nemmer an des Fahrrood hii", schrie der Erwin, „des hodd zwaadausnd Marg kosd! Dou mer läiber die Kuffer affn Riggsidz schlichdn. Iich lang ders hii." Der Erwin reichte dem Max also einen Koffer nach dem anderen, und der schlichtete sie so, daß sie auf der anderen Seite wieder aus der geöffneten Wagentür heraus ins Freie rutschten. Auf diese Weise hätte der Max noch hundert Koffer und mehr ins Auto schlichten können.

Bei der Verstauung der Zeltausrüstung in den ebenfalls am Dach befindlichen Jet-Bags bat der Erwin seinen Nachbarn dann, daß er ihm den Deckel dieses stromlinienförmigen Dachkoffers aufhalten soll. Als der Erwin gerade mit dem Kopf in den Tiefen dieses Jet-Bags verschwunden war, ließ der Max den Deckel zufallen. Daraus resultierte eine leichte Gehirnerschütterung. „Du Rimbfiech, du saubläids", ertönte es dumpf aus den Gewölben des geschlossenen Jet-Bags, „mach serfordd den Deggl widder aaf! Iich gräich ka Lufd mehr!"

Es wäre besser gewesen, wenn der Max den Deckel nicht geöffnet hätte. Erstens fiel dabei wieder das immer noch nicht angeschraubte Mountain-Bike vom Dach, und zweitens hatte der etwas entnervte Erwin dadurch seine Hände wieder frei. Er stürzte sich auf den Max, stülpte ihm einen Schwimmreifen mit einer Gummi-Ente vorne dran über den Körper und verabreichte dem infolge des Schwimmreifens kampfunfähigen Helfer derartige Maulschellen, daß durch das rythmische Klatschen die halbe Nachbarschaft aus dem Wochenendschlaf erwachte.

Wegen Körperverletzung wurde der Erwin zu einer Geldstrafe von 1800 Mark verurteilt. „Und es schennsde woor", sagte der Erwin noch, „dassi mid dera ganzn Aufreechung mei Frau vergessn hob zon Miidnehmer. Und nou hommer in Allerschberch widder umkehrn mäin."

Fliegende Fische auf der Autobahn

Über den Sinn und Zweck eines Schnellimbiß herrschen verschiedene Ansichten. Manche sind der Meinung, daß man sich dort infolge der Widerstandsfähigkeit des Fleisches höchstens eine Kaumuskelzerrung zuzieht, andere wieder ernähren sich schon seit Jahrzehnten nur von Curry-Wurst und Schaschlik und haben ihr Magen-Darm-System inzwischen schon so durchtrainiert, daß es auch Holzstäbchen und Plastikspießchen verdaut.

Ein Herr Reinhold hat über den nur sporadisch vor seinem Haus geparkten Imbißanhänger die Meinung, daß dort einmal in der Woche Makrelen und Heringe in einer Mischung aus Dieselöl und Braunkohle gebraten werden und daß der Erwin, der Inhaber der fahrbaren Geruchsbelästigung, seine frischen Fische besser an ein Völkerkundemuseum liefern soll, wo noch andere viertausend Jahre alte Mumien ruhen. Hin und wieder alarmiert der Reinhold die Polizei, empfängt die Beamten mit einem Wäschezwicker auf der Nase und bittet um sofortige Räumung des Luftverpesters. Aber immer ohne Erfolg. „A Fiisch is hald a Fiisch", sagte der Erwin jetzt vor Gericht, „und blouß weecher dem seiner-Noosn-Migräne konni doch meine Hering nedd middern Achsl-Schbräi eischbrüha."

Der Kriminalfall, wegen dem der Reinhold angeklagt war, ereignete sich an einem Freitagmittag. „Mir hoggn bam Essn“, erläuterte der Reinhold dem Herrn Vorsitzenden, „es hodd an Kaiserschmarrn geem mid Abflmus, mei Frau machd es Fensder an Schbald aaf – und nou hobbi gmaand, draußn fäärd a Bauer sei Rimbfiech im Scheißhaus-Wäächala vobbei und oodld affn Gehschdeich!“

Erst wollte der Reinhold den Hochofen des Heringsbraters mit einem Eimer Wasser löschen, dann mit Sand, und dann war es eine Viertelstunde lang verdächtig ruhig. Ungefähr zehn Kunden warteten vor dem Imbiß-Anhänger auf ihren Mittagsfisch, als sich der Wagen zusammen mit dem hart arbeitenden Erwin im Inneren plötzlich in Bewegung setzte. „Zeerschd“, sagte der Erwin, „hobbis goornedd gmergd, walli grood die Zwiebln für Sardinaweggla gschniidn hob. Und nou dreha mi rum und will dera Frau ihre Weggla nauslanger, und nu is däi Frau nemmer dou. Däi hodd mer ja scho es Geld geem g'habd. Und dou hobbi erschd gmergd, daß mir foohrn!“

Der Reinhold, der an seinem Auto über eine Anhängerkupplung verfügt, hatte den Heringsstand angehängt und ihn vorläufig ein paar Meter aus der Riechschneise zu seinem Haus entfernt. „Mehr hobbi ja aa wergli nedd gwolld“, verteidigte sich der Imbißwagen-Schlepper, „obber nou hobbi im Rüggschbiegl gseeng, wäi der aus sein Kiosk dauernd mid an Drimmer Messer rumgfuchdld hodd und nou hobbis midder Angsd gräichd und bin hald immer weidergfoohrn.“ Der Erwin bekam es ebenfalls mit der Angst zu tun und machte sich während der Fahrt auf dem Frankenschnellweg bei anderen Autofahrern dadurch bemerkbar, daß er gewedelte Heringe aus dem Anhänger warf. Kurz vor Erlangen stoppte die Polizei den Fischtransport.

Wegen der Entführung von zweihundert Makrelen und einem Fischverkäufer wurde der Reinhold zu einer Geldstrafe von 120 Mark verurteilt. Hinzu kamen noch achtzig Mark wegen zu schnellen Fahrens. „Suu a Gschmarri“, sagte der Angeklagte, „zu schnell gfoohrn – is edzer des a Schnell-Imbiß odder nedd?“

Eine Mokkatorte ist kein Schuttberg

Die Erziehung von Kindern wird ja in letzter Zeit häufig dem Zweit-Gehalt in der Familie für das Dritt-Auto geopfert. In diesen Fällen gibt man ein Kind gern außer Haus und testet dabei auch gleichzeitig, ob die zuständigen Großeltern noch über einen geregelten Adrenalin-Haushalt verfügen und ein halbwegs belastbares Nervensystem. Der Wissenschaftler spricht dann von einer extra-familiären Bezugsperson, wie sie jetzt in Gestalt vom Erwin vor dem Amtsgericht erscheinen hat müssen.

Dadurch, daß der Erwin nämlich die Bezugsperson für seinen sechsjährigen Enkel Stefan ist, hat in einem Innenstadt-Kaffeehaus ein Herr Dieter mehrere Ohrfeigen bezogen. Dieser Dieter hat damals von extra-familiären Bezugspersonen und einer Methodik auf dem Gebiet der powerfreien Edukation wenig wissen wollen, sondern lediglich in Ruhe Kaffee trinken und eine Mokkatorte essen.

Diese Mokkatorte war für den kleinen Stefan ein starker Anziehungspunkt, denn er hat am Tisch gerade den von seinem Großvater gütig gekauften Schaufelbagger mit elektronischer Fernbedienung ausgepackt. „Iich hob mer scho denkd“, sagte der Dieter im Zeugenstand, „daß des aweng an Schdress gibd, wäi der Bou gsachd hodd, dasser edzer den groußn Schuddberch wechbaggern mouß. Iich hob iiberleechd, wou dou am Diisch a Schuddberch is – und dou is der Bagger scho vuur meiner Moggadorddn gschdandn und die Schaufln homsi neibuuhrd.“

Wie der kleine Stefan mit dem ferngesteuerten Schaufelbagger eine unvorsichtige Drehung gemacht hat, ist dem Dieter zuerst das Stück Mokkatorte auf die Hose gefallen und anschließend hat sich eine Tasse Kaffee über ihn ergossen. Worauf der Großvater begeistert gesagt haben soll: „Asuu a aufgweggds Kind, mei Schdefan! Vuur anner halm Schdund hommer den Bagger erschd kaffd und edzer konnern scho bediener. Gell Bubi, du wersd amol Baggerführer?!“ Worauf der Herr Dieter geschrien hat: „Mei Moggadorddn is ka Schuddberch, und dei Enkerla hodd woorscheins aweng an Badscher! Schau blouß, dassd mid dein Scheiß Bagger aus mein Koung rausfäährsd, sunsd schebberds!“

So steigerte sich dieses Gespräch über Erziehungsmethoden von Kindern und über Abrißgenehmigungen von Mokkatorten in eine für das ganze Kaffeehaus gut hörbare Lautstärke, und dazwischen vernahm man, wie der kleine Stefan mit einem auch nicht gerade leisen „Ännännännännännänn“ das Motorengeräusch eines Baggers nachmachte.

Dann soll der Dieter dem Baggerführer eine gewischt haben. „Dou heerd si edzer obber alles aaf“, brüllte daraufhin der Großvater. „Wenn mei Bubi sachd, daß des dou a Schuddberch is, nou is des a Schuddberch und ka Moggadorddn! Und dou baggerd der droo rum, suu lang dasser mooch!“ Und unter das Weinen des Baggerführers mischte sich ein dumpfes Klatschen. Das waren die Schelln, die der Großvater dem Dieter verabreichte.

Wegen Körperverletzung wurde er zu einer Geldstrafe von achthundert Mark verurteilt. „Diich Doldi dreff mer scho widder amol“, raunte der verurteilte Großvater dem Zeugen der Anklage nach der Verhandlung zu, „und nou gräichd mei Enkerla a ferngschdeuerde Dambfwalzn. Obber ka Schbillzeich, sondern a richdiche!“

Aus der Dose frisch auf die Hose

Die Deutsche Bundesbahn verspricht ihren Reisenden höchsten Komfort im Sitzen, Liegen oder Stehen, Telefon an Bord, eine Leih-Sekretärin, ein belegtes Wurstbrot zu 7,20 Mark, und neuerdings gibt es im Coupé sogar fließendes Bier und kalte Duschen. Diese Annehmlichkeit ist auf der Strecke Nürnberg-Treuchtlingen zum ersten Mal erprobt worden und ist nicht ganz zur Zufriedenheit des Bundesbahnreisenden Erwin S. ausgefallen. Es hat ein gerichtliches Nachspiel gehabt.

Dieser Erwin ist an einem Montagfrüh bereits gemütlich im Abteil gesessen, hat sich eine Pfeife angezündet und die Bekanntschaftsanzeigen in der Zeitung studiert, ob was Passendes für ihn dabei ist und er sich während der Zugfahrt mit den Angaben „charm., vollb., sinnl." schöne Gedanken machen kann.

Kurz danach ist Herr Albert K. ins Abteil eingetreten. Aus seiner prall gefüllten Reisetasche sind metallische Geräusche nach außen gedrungen. Sie sind von Bierdosen erzeugt worden. Dieser Albert ist noch nicht richtig auf seinem Platz gesessen, da hat er schon eine Bierdose in der Hand gehabt. Plötzlich hat ein scharfer, kurzer Knall das Abteil erfüllt. Ein explosionsartiges Zischen, und dann ist auf den gegenüber sitzenden Erwin eine Bierdusche niedergegangen, daß die Pfeifenglut sofort erloschen ist und die Zeitung vollkommen durchweicht war.

„Herr Nachbar“, hat der Erwin noch versöhnlich gesagt, „wenn'S an Dorschd hom, nou mäißerdn'S mei Zeidung ausluudschn odder an Schlugg aus der Bfeifn nehmer.“

Der Albert hat etwas gemurmelt wie „Saubläids Gschmarri, saubläids“, hat seiner Reisetasche eine weitere Bierdose entnommen, am Öffnungsring gezogen und dieses Mal den Erwin mit dem gut durchgeschüttelten halben Liter Sprühbier mitten ins Gesicht getroffen. „Horng'S amol“, sagte der frisch geduschte Erwin, „edzer langds obber langsam! Dreha'S nou hald Ihre Scheiß-Bierbixn anderschd rum!“ „Iich bin doch nedd bläid“, antwortete der Albert, „dassi mi vielleicht vo oomer bis undn vullschbridz.“

Auf die Spitze wollte es der pneumatische Bierfeuerwerker aber nicht treiben, und er hielt die dritte Dose beim Abzug des Reißrings mit der Öffnung etwas zur Seite, so daß es dieses Mal den gerade ins Abteil eintretenden Schaffner auf die frisch gereinigte Uniform traf. Auf die Belehrungen des Zugbegleiters, daß er die Reinigung des Abteils und der Uniform bar bezahlen muß und seinen Fahrausweis vorzeigen soll, antwortete der Albert mit den Worten: „Wisch der erschd amol in Schaum ausn Gsichd, bevuursd mid mir redsd!“ Beim kurzen Aufenthalt in Treuchtlingen trat er einem Bahnpolizist mit seinem Fallschirmspringerstiefel gegen das Schienbein.

Wegen Schwarzfahrens, Beleidigung, Widerstand gegen die Staatsgewalt und der Verunreinigung von Bundesbahnbediensteten wurde der zur Tatzeit mit 1,8 Promille behaftete Albert zu drei Monaten mit Bewährung verurteilt. „Is dou“, fragte der Angeklagte nach dem Urteil den Amtsrichter, „is dou der Inderziddi-Zuschlooch scho derbei?“

Kürbis, Ketchup und der Kunstspucker

Bei einer handgreiflichen Auseinandersetzung ist oft die Verhältnismäßigkeit der Mittel von großer Bedeutung. Wirtshauspolitiker greifen ja nicht selten auf eine panzerfaustartige Ohrfeige als Argumentationshilfe zurück. Wer dann nach so einer Schelln meint, er muß seinen Gesprächspartner unter dem massiv eichenen Wirtshaustisch zermalmen oder ihn durch das geschlossene Fenster auf die Straße hinausschmeißen, der verstößt entschieden gegen die Vorschrift der Verhältnismäßigkeit der Mittel. Er hätte seinem Gegner bestenfalls die Nase brechen dürfen.

Im Fall vom Max war die juristische Frage zu klären, ob man auf einen kleinen, allerdings gut gezielten Spritzer Spucke mit dem Abwurf einer ungefähr fünfundzwanzig Pfund schweren Bombe reagieren darf.

Angeblich ist der Max am Gemüsestand des Erich an zwei Tagen hintereinander mit nicht mehr ganz einwandfreien Tomaten schwer hintergangen worden. Statt Tomaten soll der schwer enttäuschte Kunde daheim beim Öffnen der Tüte eine Art rote Grütze vorgefunden haben. „Jeedsmool", erinnerte er sich, „hodd mer der Verbrecher oomer draff a boor schäine Domaadn, und undn in der Düüdn, dou hodder mer sein ganzn Abfall neidou. Der maand gwieß, iich bin den sei Kombosdhaufn!"

Am dritten Tag erschien der Max wieder beim Erich, um das Tomatenmus zu monieren. „Wos derfsn sei, der Herr", fragte er Erich untertänigst, „wunderboore Domaadn hommer haid widder dou. Schäi schniddfesd und ganz frisch aus Schbanien." „Ja fraali, ganz frisch aus Schbanien", brüllte der Max zurück, „ganz verfauld aus Rachgier, mousd soong! Wäi iich däi sogenanndn Domaadn derhamm ausgwiggld hob,

hodd mei Frau gsachd, daß des nu goornedd gwissd hodd, daß mer edzer Kedschubb aa offn am Margd kaafn konn. Iich scheiß der aff deine frischn Domaadn!"
Zu letzterem ließ sich der Max vor allem wegen zahlreich herumstehender Zuschauer nicht hinreißen. Aber am Ende der Diskussion räusperte er sich ganz tief und unheilverkündend, man hörte im Gesicht des Erich ein Aufklatschen wie bei einem Volltreffer aus der Wasserspritzpistole und der Max sagte dazu: „Des woor a Kudderla, ganz frisch ausn Hals."
In seiner langjährigen Laufbahn als Obst- und Gemüsehändler war der Erich noch nicht bespuckt worden, und er stand zunächst vor Wut erstarrt. Danach überprüfte er den Volltreffer im Antlitz noch einmal durch einen Blick in seinen kleinen Taschenspiegel, schrie laut und vernehmlich „Dreegsau, dreggerde!" und wehrte sich anschließend gegen die mündliche Attacke furchtbar. Unter Aufbietung aller seiner Kräfte wuchtete er den neben ihm liegenden Kürbis in die Höhe und ließ ihn dann auf den Max herunterfallen.
Unter lautem Krachen platzte der Kürbis auf und schob sich über den Kopf des Kunstspuckers, daß der Max für kurze Zeit wie mit einem übergroßen Turban behütet an dem Gemüsestand hin und her taumelte. Aus einem Spalt des Kürbis schaute der Max mit einem Auge angsterfüllt heraus.
„Häddn'S hald wos gsachd", flötete der Erich, „daß nern gleich dou essn wolln. Nou häddin Ihna doch aafgschniidn."
Der Wurf mit einem fünfundzwanzig Pfund schweren Kürbis steht in keinem Verhältnis zum Bespucken eines Gesichts. Vor allem gewichtsmäßig. Und so wurde der Erich wegen des Mißbrauchs eines fränkischen Kürbis in Tateinheit mit einer leichten Gehirnerschütterung zu einer Geldstrafe von 450 Mark verurteilt. „Dou gäih iich in die Berufung", sagte der Angeklagte, „iich lou mi doch nedd ooschbodzn und nu beleidichn, dassi faule Domaadn verkaaf. Mei Woor is alles frisch". „An Dreeg", erwiderte der Max, „der Kürbis is woorscheins aa nu vom ledzdn Joohr gwesen. Wäi iich mid mein Kubf drinnergschdeggd bin, dou hodds in den Kürbis wäi nach faule Gaggerla gschdunkn, dassi ball ohnmächdich worn wär."

Bei Geld muß der Spaß nicht aufhören...

Die HYPO-Idee zum Thema »Geld und gute Laune«.

Wer sein Geld über's Jahr gut angelegt weiß, hat allen Grund zum Feiern. Weil die richtige Bankverbindung die optimale Voraussetzung für finanzielle Sicherheit und gute Ertragskraft darstellt.

Wer hierbei auf die HYPO setzt, ist gut beraten. Weil guter Rat bei uns nicht teuer ist. Und nicht erst mit der Zeit kommt, sondern stets einen Schritt voraus ist.

So bewahren wir Ihr Geld und Sie Ihre gute Laune.

Wir lassen uns etwas für Sie einfallen.

HYPO BANK

Bayerische Hypotheken- und Wechsel-Bank
Aktiengesellschaft

Die HYPO.
Eine Bank – ein Wort.

Aus der Welt des Kleingärtners:

Frühlingserwachen in der Unfallklinik

Ein Blick in den Kalender oder in den Hormonspiegel mahnt uns unweigerlich: Der Mai ist gekommen, wo sich im Triebwerk vor allem männlicher Lebewesen, ganz gleich ob Erpel, Eber oder Eberhard ein gewisses Aufbäumen beobachten läßt.

Am besten kann man das Erwachen der Triebe und die Wiedergeburt der Natur im Schrebergarten verfolgen. Was gibt es für einen pflanzlich interessierten Menschen Schöneres, als in der Kantine vom Schrebergarten mit vielen gleichgesinnten Naturfreunden zu sitzen und zu beobachten, wie bereits schon das siebte Weizen aus dem Winterschlaf erwacht und aus der Flasche drängt?

Ein wichtiges Kapitel im fränkischen Schrebergartenwesen ist auch die gegenseitig oft befruchtend wirkende Kommunikation unter Fachleuten. Meist führen durch die Gartenanlagen ja öffentliche Wege, auf denen an Sonn- und Feiertagen auch der vom Kolonie-Kapo offiziell nicht anerkannte Gartenschlucker zum Zweck der Weitergabe sachdienlicher Hinweise wandeln darf. Und so kommt es dann unausweichlich zum sehr beliebten Gespräch über den Jägerzaun.

Wir sind vielleicht gerade mit der letzten Kraft unserer Bandscheibe in die Knie gegangen, lauern mit der Blausäurespritze im Anschlag einem Löwenzahn oder der weißen Vogelmiere auf, da peitscht über den Gartenzaun plötzlich die Frage eines uns völlig fremden Menschen: „Demmer gwiss aweng im Garddn ärwern, hä!?“ Höflich erheben wir uns aus der Yoga-ähnlichen Zwangsversenkung, wollen wahrheitsgemäß mit ja antworten, da taucht schon ein weiterer Spaziergänger mit der Frage auf „Demmer gwiss aweng Ungraud zubfn!!?“

Er wird Sekunden später von einem etwas kleineren Passant abgelöst, der den Kopf durch die Zaunlatten quetscht und feststellt: „Habbdsach, es machd Schbaß.“ Innerhalb von nur zwanzig Minuten erfährt man, daß Rom auch nicht an einem Tag erbaut worden ist, daß es heuer kein Winter war, daß der Wetterbericht ein Depp ist, daß Stangenbohnen unter allen Umständen einen Pferdemist brauchen, daß man Stangenbohnen auf gar keinen Fall mit Pferdemist düngen soll, daß es bald regnet, daß es heute sehr schwül ist, daß die Eisheiligen noch kommen und daß die Eisheiligen schon da waren. Um nur die wichtigsten der vielfältigsten Ratschläge zu nennen. Dann tritt vielleicht eine wohltuende Pause von 30 Sekunden ein, in der wir uns mühselig, aber von gewissen Hoffnungen beflügelt, wieder dem Unkraut zuwenden. Die Hoffnungen erfüllen sich nicht. Schon schreit es aus der Höhe herab: „Demmer gwiss aweng im Garddn ärwern!!?“ Es ist wieder der Herr von vorhin, dem es anscheinend im Lauf seines Spaziergangs aus dem Gedächtnis entschwunden war, daß er uns die inhaltschwere Frage bereits vor einer halben Stunde gestellt hat. Vor Verwirrung rammen wir den frisch geschliffenen Spaten statt in die Erde aus Versehen in unseren linken Fuß, nehmen einen Schluck biologisch-dynamischer Brennnesseljauche zu uns und verheddern uns mit der rechten Hand in eine Wühlmausfalle. Wider Erwarten funktioniert sie und schnappt zu.

Beim Eintreffen in der Ambulanz der Unfallklinik, wo uns die große Zehe vom linken Fuß weghängt, an der rechten Hand eine Wühlmausfalle festverankert baumelt und wir aus dem Mund irgendwie nach Brennesseljauche riechen, fragt uns der Krankenpfleger: „Hommer gwiss aweng im Garddn gärwerd!!?“

Es grünt und blüht in der Stadt:

Wenn die Tulpen husten

Wie mancher vielleicht auch an sich selber merkt, kommt zur Zeit an der einen oder anderen Stelle der Frühling raus. Am schönsten ist diese Zeit des allgemeinen Spießrutenlaufens, des Blühens, Balzens und Autowaschens mitten in der City, wo das städtische Stiefmütterchenamt wieder an zahlreichen Stellen dem Lenz einen Platz angewiesen hat. Es handelt sich dabei um die sogenannten Pflanztröge.

Diese Attraktionen auf dem Gebiet der Tulpendressur sind unter anderem in der Breiten Gasse, auf der Pflasterprärie vor der Lorenzkirche, in der Karolinenstraße, aber auch in anderen Städten des Ballungsraumes in ihrer Schlichtheit, Blödheit und Grazie zu bewundern. Manche sind aus Beton, manche aus Gußeisen und manche wirken auch wie aus Versehen.

Unter Umständen hätte man in der Stadt ja auch einfach die Pflastersteine entfernen und auf die darunter befindliche Heimaterde zur Pflanzung zurückgreifen können. Aber anscheinend befindet sich in der Nürnberger Infrastruktur wegen der vielen Gasleitungen, Stromleitungen, Wasserleitungen und Umleitungen keine Erde mehr, und ein behutsamer Beamter erfand deswegen nach langem Nachdenken in unruhigen Nächten die städtische Blumen-Betonisiertrommel.

Eines der schönsten Waschbeton-Biotope befindet sich gleich am U-Bahneingang vor dem Admiralkino, wo wir eine jener fast schon im Aussterben befindlichen Mischungen aus Schuttberg, Vogelschmutzgebiet und dem Exkrementhäuschen von Adam Kraft antreffen. Neben Tauberln und der majestätisch pfeifenden Wanderratte kreuchen und fleuchen in diesem Reservat jetzt brünftige Bierdosen, junge Sechsämterfläschlein, die Mahlzeit eines längst davongeflogenen Nachtreihers und ein im ersten Morgenlicht dampfender Hundehaufen.

Selbst Lebewesen, die sich sonst in der Natur feindlich gegenüberstehen, leben in diesen städtischen Shreddergärten in einträchtigter Symbiose aufeinander, wie wir an einem alten Stück Käskuchen mit Senf drüber beobachten können.

Andere Pflanztröge sind wiederum so gut getarnt, daß man sie von Abfallkübeln kaum unterscheiden kann. Einfühlsam hat dort der Stadtgärtner zwischen Stiefmütterchen gebrauchte Tempotaschentücher gesät, Narzissen mit Pommes frites gemischt oder eine Heidekraut-Monokultur geschickt durch zwei Bratwurstschnerpfel aufgelockert. In einem Pflanztrog sprießt sogar ein Second-Foot-Socken, der in Mitteleuropa längst auf der roten Liste steht. Drüber breitet sich erhaben eine von Tauben prachtvoll eingeschissene Bogenlampe aus, so daß der Naturfreund die bizarren Schönheiten seiner Stadt auch nachts betrachten kann.

Häufig wächst in den Pflanztrögen auch überhaupt nichts, und wir verweilen vor ihnen still, ohne daß unsere Sinne durch eine allzu üppige Flora verwirrt wird.

Einen einzigen kleinen Nachteil haben die Tulpen-Container allerdings schon. Während nämlich Bernhardiner, Neufundländer oder der deutsche Schäfer dort ohne weiteres ihren großen Geschäften und auch dem kleinen Pissiness nachgehen können, sind die städtischen Tieraborte für Niederhunde völlig ungeeignet. So hat erst neulich eine Dame ihren gequält blickenden Taschenhund zur Verrichtung seiner Kotdurft erst umständlich in den Pflanztrog heben müssen. Er hat danach dankbar gebellt, so daß ein erstaunter Passant überzeugt war, er hört in der kleinen Grünanlage die Tulpen husten.

Auf Kreuzfahrt in Gebersdorf

Für den Transport von Kohlrabi, Gurken oder zwei bis drei Kästen Bier hat sich der Eduard für sein Moped einen stabilen Anhänger gebaut. Mit dem Schrebergarten-Sattelschlepper sind auch schon schwerere Güter befördert worden. Mit Abstand das schwerste Gut war aber in diesem Frühling der Paul, der nach einem sehr schönen Gartenfest durch die Anziehungskraft der Erde und die Zentrifugalkraft von sechs bis sieben Maß Maibock nicht mehr laufen hat können.

In seiner grenzenlosen Fürsorge für alte Kameraden hat der Eduard verfügt, daß er den leicht bewußtlosen zweiten Vorsitzenden der Schrebergartenkolonie in seinem Anhänger mitnimmt. So transportierte der selber nicht mehr vollkommen nüchterne Kleingärtner umgerechnet zweieinhalb Zentner und 2,3 Promille in Gestalt des gut abgefüllten Vizepräsidenten.

Am Amtsgericht erläuterte der Spediteur, daß die Fahrt durch die halbe Stadt überhaupt kein Problem gewesen wäre, wenn damals den im Anhänger friedlich schlummernden Paul im Verlauf des Transportes nicht auf einmal die nächtliche Kaltluftfront so unvermittelt erwischt hätte. „Der Doldi", sagte er über seinen Freund, „is woorscheins vo den kaldn Fahrdwind aff aamol aafgwachd, und nou hodder nerdirli nemmer gwissd, wou oom und undn is."

Diese Feststellung entsprach der Wahrheit, denn der Paul wähnte sich angesichts der Nachtfahrt auf der Stadtautobahn am Rhein-Main-Donaukanal entlang und durch den wegen des Verlustes des Auspuffs sehr lauten Motorenlärm auf einem Schiff. „Iich hob gmaand, iich schbinn", erinnerte er sich mühsam, „wäi iich dou iiber die Reeling gschaud hob und siech nerblous nu Wasser. Und nou hobbi mi widder in die Kajüdn neileeng wolln un weiderschloufn." Bei der Kajüte handelte es sich aber um den Mopedanhänger, und aus dem Weiterschlafen wurde auch nichts, weil den Paul der Maibock stark unter Druck setzte.

Für die erstaunte Besatzung einer Polizeistreife bot sich dann kurze Zeit später im Kegel der Scheinwerfer eine ungewöhnliche Erscheinung: Ein Moped auf der Autobahn, hinten dran ein unbeleuchteter Anhänger, und in dem Anhänger stand ein ziemlich verwirrter Herr, der bei einer Geschwindigkeit von sechzig Stundenkilometer aus seinem schwankenden Körper sechs bis sieben Maß Maibock abfließen ließ.

Der Druck im Paul war ziemlich groß, denn als die Polizei den Moped-Pilot schon längst gestoppt hatte, stand sein Kamerad immer noch verzweifelt mit seiner Notdurft beschäftigt im Anhänger. „Herr Kabbidän", lallte der Paul zu dem Polizeibeamten, „Kenner Sie mir vielleichd soong, wäi iich aff des Schiff kumm?" Darauf sagte der Eduard zu seinem Passagier: „Heer edzer endlich mid dein Gschmarri und middn Schiffn aaf! Die Bollizei will wos vo uns!"

Da dämmerte es dann auch dem Paul, daß er sich nicht zwischen Hamburg und Helgoland auf hoher See befindet, sondern auf der Höhe von Gebersdorf, und daß es sich bei dem schemenhaft im eigenen Bodennebel auftauchenden Leuchtturm um den Nürnberger Fernsehturm handelt. „Godzeidank derhamm", schnaufte er auf und legte sich innerlich sehr zufrieden und entleert wieder in den Anhänger. Im Verlauf des erneuten Aufweckens ergab sich noch ein kleiner Widerstand gegen die Staatsgewalt, so daß es für den Paul 600 Mark Strafe kostete und für seinen Spediteur 800 Mark. „Mid mein Anhänger", sagte der Eduard danach, „hobbi scho fasd alles dransboddierd. Obber als Oodlwong hobbin in dera Nachd es erschde Mool benidzd."

Die Quelle hinterm Jägerzaun

Der Josef hat jahrelang in Frieden und Stille in seinem Häuschen in der Vorstadt gelebt, daß er im Lauf der Zeit durch die andauernde Stille schon beim Säuseln einer Hummel die Errichtung eines Lärmschutzwalles um sein Rosenbeet in Erwägung gezogen hat. Er hat nicht ahnen können, daß es außer Hummeln noch lautere Einrichtungen auf der Welt gibt. Aber er hat es in diesem Jahr in den eigenen Ohren verspüren müssen, daß zum Beispiel ein Swimmingpool unter Umständen dezibelmäßig wesentlich mehr bringen kann.

Ein solches Schwimmbad hat sich der Herr Georg zwei Meter weg von der Grundstücksgrenze gebaut. Bei den Aushubarbeiten hat der Josef noch lachen müssen. „Meine Nachbarn sin vielleichd bläid“, hat er im Viertel erzählt, „seid fimbf Joohr schdäid denni ihr Haus und edzer is ihner eigfalln, daß in Keller vergessn hom. Den denners edzer grood ausgroom, nou kummer Räädla droo und nou werder woorscheins unders Haus noogschuum.“ Bereits bei der Einweihung des Bades ist dem Josef aber das Blödeln vergangen. „Iich hob“, sagte er jetzt am Amtsgericht, „die ganze Nachd ka Auch zougmachd. Bis fräih ummer vierer sin däi Debbn in ihr bläids Boodwännla neig'hubfd und hom ummernanderbandschd wäi a Nilbferdheerdn.“

Am anderen Tag teilte der Josef dem Nachbarn mit, daß die Wasserspiele sofort eingestellt werden müssen, andernfalls holt er die Polziei. Der Georg und seine Familienangehörigen gaben sich nach dieser Drohung die größte Mühe, die Lärmschutzgebiete vom Nachbarn einzuhalten. „Horng's Herr

Richder", erläuterte der Georg seine Bemühungen, „iich hob mi bam Schwimmer ja nedd amol mehr schnaufn drauer. Iich hob die Lufd oog'haldn und bin wäi ein Indianer laudlos im Wasser driem – und zwaa Minuddn schbeeder schdreggd der Gobl sein Kubf iibern Zaun und schreid riiber, dassi des sofordd underlassen soll. Nou hobbi gfrouchd: Woss? Und nou sachder, dasser ganz genau g'heerd hodd, daß iich absichdlich ausn Fensder im erschdn Schdug a Oorschbombn gmachd hob."

Der Amtsgerichtsrat mußte sich diesen Fachausdruck aus dem Bereich des Kunstspringens erklären lassen und erfuhr, daß man dabei einen Hechtsprung ins Wasser macht, nur statt mit dem Kof mit dem Hintern voran ins Wasser hupft. Was der Georg entschieden bestritt. Und schon gleich gar nicht sei er aus dem Fenster im ersten Stock gesprungen. „Dou wääri", sagte der Nachbar, „hexdns in mei G'wächshaus neigfluung, wall des schdäid direggd neebern Haus." Zweimal erschien die angedrohte Polizei, konnte sich aber vom Wahrheitsgehalt der Arschbomben nicht überzeugen, und täglich gab es erregte Fachgespräche über verschiedene Schwimmarten unter besonderer Berücksichtigung des Geräuschpegels.

Dann kam es zu jenem dramatischen Zwischenfall, wo der Georg an einem Sonntag in aller Früh aus dem Fenster blickte und seinen Augen nicht traute: Aus dem Jägerzaun des Nachbarn ergoß sich friedlich aus einer noch geheimnisvollen Quelle ein stark plätschernder Wasserstrahl mitten in den Swimmingpool. Bei näherem Augenschein stellte sich die Quelle als der Josef heraus, der in aller Ruhe in das Schwimmbecken pinkelte. „Obwohl daß mi grausd hodd", sagte der Georg, „binni middern Budzaamer ins Beggn neig'hubfd und hob nou den Aamer under den sein Schdrahl g'haldn. Nou hobbi dauernd hii und her schwimmer mäin, wall der nerdirli immer neemhii binkld hodd. Iich hob nerblous a boor Dröbfla von den seiner Sauerei derwischd."

Wegen der Verwechslung eines Schwimmbeckens mit einem Pissoir wurde der Josef zu 400 Mark Geldstrafe verurteilt. „Des gäid eingli", sagte der Angeklagte, „wall iich hob ja in den Scheiß Schwimmingbuhl a Värddljoohr lang ball jeedn Dooch zwaamol neibrunzd."

Im Leiterwagen nach Mögeldorf

Wie jeder Kleingärtner weiß, ist die ordnungsgemäße Bestellung von hundertfünfzig Quadratmetern landwirtschaftlicher Nutzfläche mitten in der Stadt oft mit sehr viel Mühe und mit einem großen Trockenheitsgehalt der Luft verbunden. Viele Gartenkolonisten leiden an Staubkehlen, die meistens in der Kantine der Gartensiedlung gleich ambulant behandelt werden. Für einen Herrn Dieter haben sich nach so einer Behandlung der Kehle schon öfter Transportschwierigkeiten ergeben. Denn sein Kleingarten befindet sich fast am Nordostbahnhof, seine Wohnung aber in Mögeldorf. Dazwischen liegt erstens eine lange Wegstrecke und zweitens die Steinplatte, eine der höchsten Erhebungen der Stadt.

An diesem Samstag, der vor Gericht geendet hat, war der Dieter von der Gemüseernte sehr erschöpft. Er hat erst noch seinen Garten gegossen und dann sich. Vor der Kantine hat sein Sattelschlepper gewartet, nämlich das Fahrrad, und ein großer Leiterwagen drangebunden, mit Rettich, Salatgurken, Kohlrabi und Stachelbeeren schwerbeladen.

Angeklagt war jetzt der Herbert, ein Nachbar vom Dieter. „Meiner Schädzung nouch“, sagte der Herbert, „werder suwos siem bis achd Seidla g'habd hom und a boor Sechsämder. Und wäi er aff sei Fahrrad naafgrabbld is, nou isser aff der andern Seidn widder noogfluung.“ Daraufhin kam der Herbert zu der Überzeugung, daß der Dieter den Heimweg mit Fahrrad und Leiterwagen den abschüssigen Weg nach Mögeldorf nicht schafft.

Er hat den Leiterwagen abgehängt, den Dieter zwischen die Gurken, Kohlrabi und Rettich verstaut und seinem Nachbarn versprochen: „Braugsd ka Angsd hoom, iich foohr di edzer middn Ladderwäächala ham.“

Der Herbert hat also schwer gezogen und der Dieter derweil tief geschlafen. Am Scheitelpunkt der Steinplatte, wo sich der Thumenberger Weg in die Tiefe stürzt, ist der Dieter kurz erwacht und hat angeblich genau gehört, wie der Herbert gesagt hat: „Soderla, edzer kummsd allaans goor hamm.“ Und dann soll der Leiterwagen erst ganz langsam, dann immer schneller den Berg hinuntergebrettert sein.

„Iich wass nerblous nu“, sagte der Dieter, „daß aff aamol an Drimmer Schlooch dou hodd, um mich rum sin lauder Gurgn, Reddich und Kulleromm gleeng und vuur mir is die Schdrasserbooh gschdandn und hodd dauernd gschelld, dassi vo die Gleise wech soll.“ Es ist rekonstruiert worden, daß der Dieter im Leiterwagen die Kreuzung an der Sulzbacher Straße bei Rot überquert hat, ins Schleudern gekommen und vor der Straßenbahn umgekippt ist.

Wegen der Transportgefährdung und dem Schubserer in die Tiefe muß der Herbert eine Geldbuße von 800 Mark entrichten. „Blouß wall du Debb zerbläid bisd, middern Ladderwäächala in Berch noozufoohrn“, sagte danach der Herbert zum Dieter. „Iich hob an Schlafwoong buchd“, antwortete der Dieter, „und dou kommer verlanger, daß mer sicher hamm kummd. Ba der Eiserbooh schbringd ja aa nedd der Lok-Führer ab, korzz bevuurs brenzlich werd.“

Die Erstbesteigung der Mietshaus-Nordwand

In der Nacht sind neben den Katzen oft auch viele Menschen grau und können deswegen in vielen Fällen nicht unterschieden werden, ob es sich um Freund oder Feind handelt. So eine Verwechslung ist im Morgengrauen auch mit dem Karl eingetreten, der in dieser geisterhaften Stunde zwischen Finster und Sixdminedd an einem Freitag im Frühsommer von einem gut getränkten innerstädtischen Rundkurs heimgekehrt ist.
Vor seiner Haustür hat er den Verlust seines Schlüsselbundes feststellen müssen. „Iich hädd nerdirli schelln kenner", erklärte er jetzt dem Amtsgerichtsrat, „obber iich bin scho die Wochn derfuur aweng schbeed hammkummer, und es hädd leichd sei kenner, daß nou mein Frau ba mir aa a bissla gschelld hädd." Also dachte der Karl in dieser Nacht scharf nach, erspähte dann aus dem Hinterhof, daß die Tür auf dem kleinen Küchenbalkon offen stand, und entschloß sich zu einer Aktion, die in ihrer Kühnheit nur noch mit dem Turmbau zu Babel zu vergleichen war.
Als Ausgangspunkt für die Erstbesteigung der Mietshaus-Nordwand wählte er den alten Leiterwagen aus dem glücklicherweise nicht verschlossenen Geräteschuppen. In diesen stellte er einen Schubkarrn und hatte so schon eine schwindelerregende Höhe von etwa achtzig Zentimeter überwunden, die aber für die Erreichung des Gipfels am Küchenbalkon

noch nicht ganz langten. Also legte er über den Schubkarrn eine Diele, stellte den für lauschige Sommernächte gedachten Brauereitisch drauf und auf diesen einen Klappstuhl.
Bei der Errichtung seines kunstvollen Bauwerkes war der Karl nicht immer mit der nachts erwünschten Zimmerlautstärke vorgegangen, und so hatte ein Nachbar die Polizei verständigt. „Bam erschdn Naafgrabbln“, sagte er, „binni scho vo den Ladderwäächala roogfluugn. Bam zweidn mool hodds mi vom Diisch roog'haud. Obber nou hobbis fasd gschaffd g'habbd. Mid anner Händ hobbi es Balgongländer derwischd g'habd, will mi grood naafzäing, und aff aamol mergi, wäi under mir des Ladderwäächala vo ganz allaans es Foohrn oofängd. Obber iich hob ja nedd forddfoohrn wolln, sondern eingli hammgäih.“
Alles Dagegenstemmen nützte nichts, der Karl wollte ja so gerne noch bleiben, aber der Leiterwagen rollte. Der Schubkarrn kam leicht ins Kippen, der Brauereitisch wankte, der Klappstuhl klappte, wie es seine Bestimmung ist, in sich zusammen, und der Besteiger der Hauswand donnerte unter lautem Krachen, Scheppern und Hilfeschreien in die Tiefe. Als er wieder zu sich kam, blickte er in das Antlitz eines Polizeiobermeisters, der ihn wegen versuchten Einbruchdiebstahls festnehmen wollte. „Ner dou binni der vielleichd haaß worn“, erinnerte er sich, „iich grabbl under Lebensgefahr in mei eichne Wohnung naaf, fläich roo, dassi hii sei hädd kenner, und nou will mi der Bollizisdngimbl aa nu eischberrn.“
Den Fachausdruck Polizistengimpel mußte er sofort zurücknehmen. Wegen weiterer in jener Nacht erfolgten Beleidigungen der Staatsgewalt wie etwa „Dou di Griffl wech, Herr Oberlachmeister“ und einigen körperlichen Übergriffen wurde der Karl zu einer Geldstrafe von 1400 Mark verurteilt. Zu einer ehelichen Auseinandersetzung war es in dieser Nacht aber auch noch gekommen. „Vo den Gwerch“, sagte der Karl, „is nerdirli mei Frau aafgwachd und hodd vom Balkon roogschaud. Nou hob i naafgschriea: ‚Frau, sooch amol den Bolli, daß iich dou wohn und ka Einbrecher bin! Und wos manner'S, wos däi gsachd hodd?! Den Moo kenn iich nedd. Und nou binni zwaa Dooch in U-Hafd gween!“

Die Nürnberger Rüstungsindustrie:

Lachkanonen und Schießkissen

Wer sein Vorgartenzwerchfell am rechten Platz hat, der stürzt sich jetzt in sein seit Jahrzehnten erprobtes gestreiftes Hemd, in die Pappnase und in das bunte Treiben des fränkischen Faschings. Sehr bunt ist auch ein Hausfasching. Vor allem am andern Tag, wenn es in Flur, Küche, Clo und Schlafzimmer ausschaut wie auf dem Schwabacher Sonderschuttplatz, und zwischen den zu kleinen Hochhäusern aufgestapelten Bierkästen, antiquarischen Scherben aus der Ming-Dynastie, Rollmöpsen aus der Fisch-Bernet-Dynastie und der von der Schrankwand kaskadenartig herabträufelnden Gulaschsuppe sich noch ein letzter Mohikaner auf dem Kriechpfad befindet. Er spricht seine letzten verzweifelnden Worte mit geschlossenem Mund, aus Angst, er könnte seinen Leberkäs aushauchen.

Um diese typische fränkische Ausgelassenheit zu erreichen, brauchen wir zwei Dinge: Alkohol und Scherzartikel. Ein alter Nürnberger Faschingsbrauch ist neben dem Lachsack auch das Anbringen von sogenannten Schieß-Kissen auf den Stühlen, die beim Hinsetzen eine furzügliche Wirkung haben und den zu Tod erschrockenen Gast als Virtuose auf dem Schließmuskel ausweisen. Sollte diese vermeintliche Wildsau auch noch Raucher sein, dann schmuggeln wir ihm kleine, weiße Zündplättchen in die Zigarette und schon zerreißt es ihm beim nächsten Zug das Maul. Er hat dann das Aussehen einer Panzerzielscheibe nach dem Übungsschießen auf dem Truppenübungsplatz in Grafenwöhr, und alles lacht rauh, aber herzlich.

Fast noch lustiger ist das Feuerzeug, bei dem sich statt Feuer über den Empfänger eine Wassersbrunst in die erstaunten Augen ergießt. Das Erstaunen kann man beliebig erhöhen, indem man Meyer's lustiges Lachfeuerzeug je nach dem

erwünschten Fröhlichkeitsgrad mit Essigessenz, Benzin (Vorsicht: Nur bleifreier Kraftstoff!) oder Toilettenreiniger füllt.
Auf dem gleichen Prinzip beruht der Lachfotoapparat, die Lachpfeife, die Lachpistole und die Stimmungskanone. Bei Löschübungen der Feuerwehr anläßlich des Abbrennens der Wohnung nach einem Tischfeuerwerk kennt man auch den Lachschlauch, der allerdings auf dem umgekehrten Prinzip beruht. Nach dem Befehl des Kommandanten „Wasser marsch!“ kommt aus ihm kein Wasser raus, und alle Schaulustigen brechen in brüllendes Gelächter aus.
Einen sicheren Lacherfolg garantiert das Servieren von Plastikspeisen zu vorgerückter Stunde wie Zelluloidspiegeleier, PVC-Steaks oder Gummiklöße. Viele Nürnberger Wirte führen inzwischen diese Speisen wegen ihrer großen Widerstandsfähigkeit nicht nur im Fasching, sondern bereits das ganze Jahr über.
Neben sprechenden Clobrillen, selbstklappernden Gebissen, Rachen-Magen-Raketen, Molotow-Cocktails, Sprengseife, Wasserwerfern und Tellerminen sollte man aber die traditionellen Scherzartikel nicht vergessen wie etwa die beliebte selbstverschwindende Tinte, die sich schon kurz nach dem Herzstillstand des bespritzten Opfers wieder verflüchtigt. Dieses außerordentlich erheiternde Spritzprogramm ist jetzt auf Senf, Mayonnaise, Remoulade und Ketchup ausgedehnt worden. Es kommt aus diesen elastischen Ketchup-Spendern beim Zusammendrücken ein roter Strahl heraus, der sich nach dem Eintreffen des Notarztes selbstverständlich als roter Bindfaden erweist.
Wieder brüllt alles vor Lachen, die Party ist gerettet. Außer in dem Fall, wo der um die Fröhlichkeit besorgte Hausherr nach zwei Flaschen Kognak einen bekannten Nürnberger Stadtrat mit diesem Lach-Ketchup von oben bis unten zufriedenstellend eingespritzt hat, und es dann aber wider Erwarten kein roter Bindfaden, sondern eine Familienflasche Thommy's Ketchup aus sonnengereiften Tomaten war. Der Hausherr wird seit diesem Zwischenfall von seiner Gattin ebenfalls als Familienflasche behandelt und muß die Fassadenreinigung des Stadtrats über seine Versicherung abwickeln.

Aus der Welt des Sports:

Der Deutsche Fußballschwund

Jeder denkende Mensch wälzt sich seit einigen Nächten unruhig im Bett, wacht alle fünf Minuten schweißgebadet auf, wird von jähen Schreikrämpfen befallen und geißelt sich unablässig mit der bangen Frage „Wie können wir den Bundesligafußball wieder attraktiver machen?" Schon hören wir, daß durch den rätselhaften Niedergang des Fußballs verschiedene Profis in stummer Erschütterung auf ihren Kontoauszug starren, wo monatlich nur noch fünfzig-, allenfalls sechzigtausend Mark ausgeworfen sind.
Auch soll es Manager geben, die mit ihren 700 000 Mark im Jahr bereits am Existenzminium angelangt sind und nicht mehr ein noch aus wissen. Drohend schwebt über ihnen das Damoklesschwert, daß sie sich bald von ihrem Dritt-Mehrfamilienhaus in der Schweiz oder von ihrer Bratwurstfabrik in Buchenbühl trennen müssen.
Wenn es mit dem Zuschauerschwund so weitergeht, dann stehen wahrscheinlich demnächst achtzehn Bundesligapräsidenten auf der Straße und wissen nicht, wie sie ihr Dasein fristen sollen. Weiters droht der ehrbare Beruf des Spielerhändlers auszusterben. Auch beim 1. FC Nürnberg, dem trotz seines hervorragenden fünfzehnten Tabellenplatzes die Zuschauer den Rücken kehren, überlegt man seit einigen Tagen, wie man die Fans wieder effektiver auf den Arm nehmen kann. Gestern hat das Präsidium einstimmig

beschlossen, daß man zur Hebung der Attraktivität des Nürnberger Fußballs wieder einmal gewinnen will. Man vermutet in der Vorstandschaft nicht ganz ohne Grund, daß ein Sieg den Zuschauer irgendwie erfreuen könnte.
Auf jeden Fall kann man sagen, daß die Bundesligapräsidenten mit ihren vielfältigen Überlegungen auf dem richtigen Weg sind. Öfter gegeneinander spielen und vor allem mehr Punkte verteilen schadet dem Ansehen des deutschen Fußballs in keiner Weise. Denn Punkte stehen dem Deutschen Fußballbund ja in nahezu unbegrenzter Anzahl zur Verfügung. Statt dem jetzt beschlossenen Sonderpunkt kann man auch zehn vergeben, hundert, hunderttausend, eine Million oder eine Milliarde. Auch kann man noch Schönheitspunkte aussetzen für den besonders gefälligen Gesichtsausdruck beim Torschuß, für die Körperhaltung beim Fallrückzieher. Unbedingt ist auch darüber nachzudenken, ob man an Stelle des Einwurfs nicht lieber den Zweiwurf in der nächsten Saison einführen soll.
Weiters kann man die Trikots bunter machen, auf dem Rasen Orchideen, schöne Stiefmütterchen oder Tulpen und Narzissen zur Erbauung des Zuschauers anpflanzen. Die Eintrittspreise müssen mäßig erhöht werden, pro Saison nicht mehr als um dreihundert Prozent. Den Spielerhandel soll man forcieren. Alle zwei Wochen eine neue Mannschaft im Stadion bringt Abwechslung ins Publikum und Erstaunen.
In den Fußball kann man ein Glockenspiel einbauen oder eine Schwarzwälder Kuckucksuhr. Die Schiedsrichter sollen nicht mehr auf ihren völlig veralteten Pfeifen rumtrillern, sondern vielleicht eine Querflöte zur Unterstreichung ihrer Entscheidungen benutzen, eine Klarinette oder das schwermütige Fagott. Aus dem Flutlicht kann man eine bengalische Lichtorgel machen, Springbrunnen, Gesellschaftstänze, das Verlosen von Fußballbildchen, einer mehrminütigen U-Bahnreise oder eines Taschenaquariums entzücken den Besucher während der Halbzeitpause. Die Liste der Verbesserungsvorschläge zur Erhöhung der bundesdeutschen Fußballgehälter ließe sich beliebig fortsetzen und kann gar nicht blöd genug sein, daß sie von den Bundesligapräsidenten nicht diskutiert wird.

Befehl ausgeführt

Das ganze Leben besteht aus Mißverständnissen. Wahrscheinlich ist auch die Erde nur durch ein Mißverständnis entstanden. Sie hätte ein Luftballon werden sollen, es hat sich aber beim Aufblasen durch den Urknall irrtümlich eine Weltkugel entwickelt.
Bei dem Stukkaturhilfsarbeiter Paul ist es umgekehrt verlaufen. Zuerst hat sich ein kleines Mißverständnis eingestellt, und dann hat es einen Urknall gegeben, daß sich der Paul danach mit einem leichten Schleier vor den Augen und einer Gehirnerschütterung krank melden hat müssen.
Das Mißverständnis hat an der Baustelle in Burgfarrnbach seinen Lauf genommen. Es war vielleicht auch dadurch begünstigt, daß sich der Paul und der Polier namens Franz schon seit Jahren feindschaftlich zugeneigt waren. „Sooch amool unsern Oberdoldi", befahl der Polier seinem Assistent, „daß der Zemend goor is. Des Rimbfiech werd widder halmi bsuffn irchndwou middi Huuserdräächer am Grisd rumbambln. Schneidsd nern ab und saagsd, er soll serfordd in die Firma foohrn und a schäins boor Sägg Zemend hulln. Wenns gäid haid nu!"
Der als Oberdoldi und Rindvieh eingestufte Paul stand aber

direkt hinter dem Polier, bedankte sich überschwenglich für die zwei Ehrentitel und gab zu bedenken, daß der firmeneigene Lieferwagen schon anderweitig unterwegs ist. „Nou fäärsd hald middn Schubkarrn, Gimbl bläider", brüllte der Franz, „odder solli der a Daxi ooruufn?!" Kurze Zeit später war der Paul verschwunden. Das Materiallager der Firma befand sich ein paar Kilometer hinter Feucht bei Nürnberg. Man erreicht es von Burgfarrnbach aus auch bei hohem Verkehrsaufkommen in einer dreiviertel Stunde. Nach der Mittagspause mußten die Stukkateure das Verputzen des Neubaus einstellen, weil kein Mörtel mehr da war. Man überbrückte die Wartezeit mit Schafkopfen und Biertrinken. Am Feierabend war von einem Zement oder einem Paul immer noch nichts zu sehen. Am andern Früh war die Belegschaft vollzählig in Burgfarrnbach versammelt, nur der Paul fehlte. Kurz nach Feierabend erblickte der Polier am Horizont einen bedächtig gehenden Mensch.

Es war der Paul, der auf einem Schubkarrn einen einzigen Sack Zement transportierte, kurz vor Erreichen seines Ziels noch einmal anhielt, verschnaufte, einen Schluck Bier zu sich nahm und wenige Minuten später meldete, daß er den Auftrag befehlsmäßig ausgeführt hat. „Iich bin", sagte er, „middn Schubkarrn gfoohrn, gell. Iich hob mi scho gscheid gschiggd, obber i bin gesdern doch nerblous nu bis Zabo kummer. Dou hobbi dann ba meiner Schwesder iibernachd, in aller Hergodds fräih gleich weidergfoohrn und edzer binni widder dou. Iich hob blous an aanziehn Sagg Zemend aafloodn kenner. Sunsd wäärs zu schwer gween. Dou häddi woorscheins middn Dransbord bis iibermorng brauchd."

Daraufhin stemmte der Franz den Sack Zement hoch und schmetterte ihn auf den Kopf vom Paul.

Der Polier wurde wegen Körperverletzung zu eine Geldstrafe von siebenhundert Mark verurteilt, der Paul hat die Firma nach einer kleinen Auseinandersetzung am Arbeitsgericht verlassen.

„Wenn iich gwissd hädd", sagte der Paul nach der Verhandlung noch, „daß der Depp sein Zemend nerblous brauchd, dassern mir am Kubf naafschmeißd, nou wääri nedd exdra vo Burchfarrnbach nach Feichd und widder zrigg gloffn."

CONCORDIA
1864
VERSICHERUNGEN
kann jeder verkaufen,
jedoch - gut beraten
und gut versichern
kann nur der
Versicherungsprofi.
Wir sind auch im
Schadensfall für Sie da.
20 Jahre Berufserfahrung,
die Sie nutzen sollten.
Norbert MÜLLER
GENERAL AGENTUR
Pfinzingstraße 31
8501 FEUCHT
TEL. & BTX 09128 · 3573

Der fußkranke Teddybär

Neben dem Engerling, der vier Jahre in Ruhe und Abgeschiedenheit im Boden schlummert und sich keinen Schritt von der Heimaterde fortbewegt, ist auch der Mensch ein sehr bequemes Lebewesen. Außer vielleicht der deutsche Mensch, der für seinen unnachahmlichen Fleiß und die dadurch entstehenden Wirtschaftswunder berühmt ist. Aber auch im einzigen menschlichen Ameisenstaat der Erde gibt es unrühmliche Ausnahmen, wie der Fall des in der Nürnberger Nordvorstadt von der Hand in den Mund, bzw. vom Maßkrug in den Schlund dahinvegetierenden Gerhard W. zeigt. Seine Faulheit zur Johannis-Kirchweih im vergangenen Jahr hat vor Gericht geendet.
Er hat am Kirchweihsamstag während einer unvergleichlichen Glückssträhne in verschiedenen Losgeschäften einen leuchtfarbenen Teddybären in Höhe von 1 Meter 50 gewonnen, einen ebenfalls hoch in den Nachthimmel ragenden Halbstamm-Philodendron, einen Plastikgartenzwerg, eine Magnumflasche echt deutschen Schaumwein mit Kopfwehzertifikat und eine in Form eines springenden Pferdes künstlerisch gestaltete Küchenuhr.
Zusätzlich führte der Gerhard noch etwa sechs Maß Kirchweihbier in seinem inneren Wesen mit sich, als er in Höhe des Gasthauses Albigsgarten ein Taxi anhielt. „Momend amol“,

sagte der Taxifahrer, als dieser Herr Gerhard seine Kunstgegenstände vorsichtig auf den Rücksitz bettete, „wos soll nern des Graffl dou?! Iich bin doch nedd die Müllabfuhr!" Wenn er das springende Pferd, den Philodendron, den Sekt und den Gartenzwerg nicht mit sich führen darf, drohte der Gerhard, dann wartet er halt auf ein anderes Taxi mit einem freundlicheren Fahrer. „Und mei Fridolin", befahl der Fahrgast, „der derf si vorner hiihoggn, dasser wos sichd. Und oogschnalld mouser wern." „Wer issn nou der Fridolin", fragte der Taxerer, der inzwischen in Erwartung einer längeren Fahrt doch geneigt war, den feuchten Glückspilz samt seinem Sperrmüll zu transportieren. „Des dou is der Fridolin", sagte der Gerhard und wuchtete den 1,50 Meter großen, leuchtfarbenen Teddybär auf den Beifahrersitz, legte ihm den Sicherheitsgurt um und besänftigte ihn mit den Worten: „Braugsd ka Angsd hoom, Fridolin. Der Onkl fäärd uns edzer schäi vuursichdich und nou simmer glei derhamm."
Die Worte „glei derhamm" waren eine sehr präzise Angabe, wie sich kurze Zeit später herausstellte, als der Chauffeur nach dem Fahrziel fragte. „In die Hallerschdrass", antwortete der Gerhard in aller Ruhe und legte sich hinten wohlig neben das springende Pferd. Die Hallerstraße ist bekanntlich vom Albigsgarten mit dem Auto ungefähr zehn Sekunden entfernt. „Iich glaab, du hosd aweng an Badscher", schrie der Taxifahrer, „in die Hallerschdrass! Des is dou glei um die Eggn rum! Dou konnsdi meinerdweeng vo dein Deddibäärn hiidroong loun, obber middn Foohrn leffd nix!" Anschließend schmiß der Fahrer den leuchtfarbenen Teddybär Fridolin mit solcher Wucht aus dem Auto, daß er im Direktflug die Hallerstraße nur um ein paar Meter verfehlte.
Seiner Meinung nach durchaus angemessen warf der Gerhard das springende Porzellanpferd durch die Windschutzscheibe und verletzte den Chauffeur mit dem Philodendron am Kopf. Wegen Mißbrauch eines springenden Pferdes und einer Zimmerpflanze wurde der Gerhard zu drei Monaten mit Bewährung und einer Geldbuße von zweitausend Mark verurteilt. „Iich wäär scho zu Fouß hammganger", sagte der Gerhard, „obber mei Fridolin is deroordich bsuffn gween – der hädd kann Schridd mehr laafn kenner."

Der größte Bonsai-Baum der Welt

Ein Bonsai ist ein in Japan gezüchtetes Gebilde, das an einen Baum erinnert, aber durch das ständige Gießen mit Schnaps und anderen wissenschaftlichen Methoden sehr viel kleiner ist als ein normaler Baum.
Durch die Bonsai-Methode kann man sich beispielsweise den gesamten Nürnberger Reichswald daheim am Balkon anpflanzen, allerdings weder in ihm spaziergehen, noch eine Treibjagd veranstalten. Für Hunde ist ein Bonsai-Baum ebenfalls nicht geeignet, denn wenn sie an ihm zur Verrichtung der Notdurft das Bein heben, kitzelt er ihnen am Bauch und sie können vor lauter Lachen wahrscheinlich nicht mehr bieseln.
Manche Menschen wiederum haben an so einem japanischen Hochstamm mit vielleicht zwanzig Millimeter Höhe eine große Freude, denn er kostet im Laden bis zu fünftausend Mark.
Der Alfred, der für ein möglichst unkompliziertes gutes Geschäft wie zum Beispiel dem Verkauf ägyptischer Totenkultgeräte teils aus dem fünften Jahrtausend vor Christus, teils aus einem Blechschmuck-Kiosk vor der Lorenzkirche, schon immer zu haben war, ist jetzt wegen seinem Handel mit Bonsai-Bäumen vor Gericht gestanden.
Angeblich hat er ortsansässige Bäume im Säuglingsalter aus dem Wald geholt und sie in jahrelanger, mühseliger Arbeit in die begehrten Winzlinge verwandelt. Ein Herr Walter zum Beispiel hat beim Alfred für zwölfhundert Mark eine indone-

sische Kugelzeder mit Echtheitszertifikat erstanden. „Mir hom“, erinnerte sich dieser Walter, „däi indonesische Kuglzeder derhamm aff unserer Kommod schdäih g'habd und hom a Mordsfreid g'habd, daß mer däi suu ginsdich gräichd hom. Und nou is mei Schwiechersohn amol kummer. Der woor am Gimnasium. Der hodds vo alle Seidn oogschaud und hodd nou gsachd, daß nern däi indonesische Kuglzeder fasd suu vurkummd wäi a Schwarzbeerschdraichla.“

Eine Gärtnerei bestätigte daraufhin schriftlich, daß ihr von einer indonesischen Kugelzeder nichts bekannt ist und daß der Bonsai in der Tat gewisse Ähnlichkeiten mit einem aus dem Wald gerupften Schwarzbeerstrauch aufweist.

Als Beweis stand am Richtertisch noch ein Schachtelhalm in einem Blumentopf, der unter der Bezeichnung Sayonara-Lerche für neunhundert Mark in den Handel gegangen ist. Und ein weiterer Zeuge hatte beim Alfred bereits vor drei Jahren ebenfalls für einen stattlichen Betrag eine Bonsai-Fichte aus dem nordöstlichen Sibirien erstanden. „Däi Bonsai-Fichdn“, sagte dieser Herr, „mäinsersi amol ooschauer, Herr Richder. Däi woor zerschd innern ganz glann Blummerdebfla drinner. Nou hommers umbflanzn mäin inner alde Blechboodwanner und edzer schdäids gleich neben der Derrassn – iiber zwaa Meeder houch!“ „Dou hom'S“, verteidigte sich der Alfred, „wos ganz Seldenes derwischd. Des is woorscheins anner vo die gräißdn Bonsai-Baim aff der Weld. Wenn nedd der gräißde ibberhabbs!“

Beim Versuch, einem Kenner aller Zwergwälder dieser Welt einen Preißelbeerstengel als Apfelbaumverkleinerung schmackhaft zu machen, interessierte sich dann die Kriminalpolizei für die Zuchtmethoden vom Alfred. In Tateinheit mit dem Verkauf von ebenfalls sehr teuerem Bonsai-Dünger, der sich als getrockneter Pferdemist in Fünfzig-Gramm-Beutel abgepackt erwies, wurde er wegen Betrug zu einer Geldstrafe von 4500 Mark verurteilt.

„Suvill Geld“, fragte der Angeklagte, „wäi sollin nou des zoohln? Wall in mein Boddmonee is momendan aa aweng Bonsai.“ Worauf ihm ein Zuhörer riet: „Dou wardsd, bis deine Bonsai-Baim ausgwachsn sin, und nou konnsders als Kärwa-Baim verkaafn.“

Eine Bratwurst hat keine Gräten

Auf Einfallsreichtum gibt es bekanntlich keine Zinsen und man kann ihn auch nicht in mündelsicheren Wertpapieren anlegen. Aber man kann mit ihm unter anderem kostenlos essen und dadurch schon wesentlich seinen Lebensunterhalt bestreiten. Der Wilhelm gründet einen Teil seiner Existenz auf kleine Ohnmachtsanfälle. Allerdings muß er sich jetzt eine neue Idee ausarbeiten, weil man ihm vor zwei Monaten infolge eines schweren strategischen Fehlers hinter die Schliche gekommen ist.

Er ist an einem Donnerstag abend im Max seinem Gasthaus ohne einen Pfennig Geld erschienen, hat einen kleinen Aperitif in Gestalt von vier doppelten Schlehengeist zu sich genommen, zweimal Leberknödelsuppe gegessen und dann einen gebackenen Karpfen bestellt. „Und nachn Karbfn", hat der Wirt vor Gericht erzählt, „hodder gsachd, dasser a dobbelde Bozzion Abflkichla mid Nawillsooß gräichd. Und nou hobbi mer dengd, daß der schdadds an Moong vielleichd an Müllsagg an seiner Schbeiseröhrn droohänger hodd."

Aischgründer Karpfen waren an diesem Abend leider schon aus, und der Wilhelm hat auf sechs fränkische Riesen-Bratwürste mit Salat, Kraut und einen halben Laib Brot umdisponieren müssen. Nach dem letzten Bissen ist der Gast im Gesicht plötzlich feuerrot angelaufen, es ist ein leichter Blauschimmer dazugekommen und er hat seinem Tischnachbar gerade noch mitteilen können „Schnell, die Sanidääder!

Iich hob a Gräädn verschluggd!“ Dann ist er schauspielerisch einwandfrei ohnmächtig zusammengebrochen.
Der Nachbar ist zum Wirt gerannt und hat geschrien: „Schnell die Sanidääder ooruufn. Der Moo hodd a Gräädn verschluggd!“ Der Wirt hat die Bedienung angebrüllt: „Schdäih nedd suu lahmoorscherd rum! Die Sanidääder ooruufn! Der Moo dou hindn hodd a Gräädn verschluggd!“
Der Notarzt war bereits verständigt, der Wilhelm röchelte hinten auf der Bank wie kurz vor der Himmelfahrt. „Gäih, bring mer nu an dobbldn Schleha“, und der Max begann plötzlich nachzudenken. Vier doppelte Schlehengeist enthalten keine Gräten, zwei Leberknödelsuppen ebenfalls nicht. Die Rettungsmannschaft war inzwischen schon da und begann mit Wiederbelebungsversuchen, da packte der Wirt seinen Gast kurz vor dem Übertritt ins Jenseits am Hemd und brüllte ihn an: „Bärschla, edzer kenni di scho widder. A Gräädn hosd du verschluggd?! Und meine Broodwerschd, däi sin woorscheins ausern Fischweiher ba Emskirchn, hä? Dir werri glei Broodwerschd mid Gräädn geem!“ Dann schmierte der Wirt seinem Gast eine, daß dieser sofort aus dem Kunst-Koma erwachte.
Der Max hatte ihn erkannt, denn der Wilhelm war im gleichen Wirtshaus ein halbes Jahr vorher schon mit einer angeblichen Gräte im Hals von den Sanitätern abtransportiert worden. Damals ist eine Rechnung von sechzig Mark offen geblieben, und im Krankenhaus hatte man vergeblich nach einer Gräte im Hals gefahndet. Nach der Schelln erinnerte sich auch der Wilhelm dunkel daran, daß es diesmal kein Karpfen, sondern Bratwürste waren. Er sank wieder in sich zusammen, theatralisch hervorragend gebracht, und röchelte kurz vor seinem zweiten Ableben: „Serfordd ins Kranknhaus!! Iich glaab, iich hob a Drichinenvergifdung.“
Das hohe Gericht wertete den drohenden Erstickungstod durch eine Karpfengräte und die anschließende Fleischvergiftung als Zechbetrug und belegte den Wilhelm mit einer Geldstrafe von 700 Mark. „Und wennsd widder amol in mei Werzhaus kummsd“, versprach ihm der Max, „nou gräigsd Broodwerschd Müllerin Art frisch aus der Kläranlooch, und ganz ohne Gräädn.“

Herbert von Caravan und sein Parkorchester

Sowohl das Rückwärts-Einparken als auch das nicht weniger anstrengende Herausfahren aus einer Lücke zwischen zwei Autos gehört zu den ersten Lektionen in der Fahrschule. Bei diesen Unterrichtsstunden muß der Paul gefehlt haben. Er ist jetzt wegen der nicht genehmigten Veranstaltung eines innerstädtischen Chaos in einer Parklücke vor Gericht gestanden. Dieser Paul hat an einem Spätnachmittag ein Gasthaus besucht und hat vor dieser Stätte der Erholung und Entspannung geparkt. Nach der Entspannung hat er heimfahren wollen, aber einen Zentimeter vor und einen Zentimeter hinter seinem Kleinwagen sind zwei Autos gestanden, daß der Paul von seiner baldigen Heimfahrt nicht sehr überzeugt war. Er ist wieder zurück ins Wirtshaus und hat um die Mithilfe eines Einweisers gebeten. Nach einer kurzen Schilderung der Situation sind nach vorsichtiger Schätzung der Polizei später zwölf Mann am Gehsteig gestanden und haben nach der Art des verstorbenen Altmeisters Herbert von Caravan den Paul dirigiert.
Einer hat geschrien: „Des is ibberhabbs ka Broblem, Alder! Erschd links eischloong und langsam riggwärdds, nou gleich

widder rechds, vuurwärdds a Schdiggla und numol rechds und nou hommers doch scho.“ Ein Zweiter hat von der anderen Seite ins Fenster gebrüllt: „Naa, andersch rum. Erschd rechds eischloong und a Schdiggla vuurwärdds, nou scharf links, riggwärdds und bam Riggwärddsfoohrn glei widder rechds.“ Danach hörte man einen Dritten schreien: „Haaaald – dou schdäid doch die Laddern! Erschd amol scharf links einschloong und groodaus, sunsd grachds. Jawoll edzer – nu zwaa Zendimeeder suwos, und nou rechds eischloong.“

Der Paul kurbelte am Lenkrad wie der Steuermann eines Schiffes, das von Tausenden von Eisbergen umgeben ist, und führte alle Befehle von außen aus. Mit der Zeit verwechselte er allerdings links und rechts, hinten und vorn sowie oben und unten. „Heer aff“, brüllte der erste Herr wieder, du hängsd doch scho an den Haldeschdellnschild droo. Links eischloong, hobbi gsachd. Fimbf Zendimeeder nu und nou scharf rechds!“

Inzwischen war die Schar der Dirigenten größer geworden, und dadurch vervielfältigten sich auch die Vorschläge zur Navigation. „An Momend amol“, rief einer der hinzugekommenen Einweiser, „mir heem di hindn aweng rum!“ Fünf Mann hoben den Wagen hoch, daß es den Paul am Lenker durchschüttelte wie bei einem leichten Erdbeben. Danach lag die hintere Stoßstange vom Paul auf der vorderen Stoßstange des nach ihm geparkten Autos auf. „Edzer braung mer in Woongheber“, schrie noch jemand. Dann sprang der Paul schweißüberströmt aus seinem inzwischen fast hochkant geparkten Wagen und verteilte in der Menschenmenge wahllos Schelln. Vier Personen waren bereits leicht verletzt, als die Polizei eintraf.

Wegen Körperverletzung in Tateinheit mit 2,2 Promille wurde der Parkplatz-Artist zu einer Geldstrafe von 3500 Mark und dem Entzug des Führerscheins für fünfzehn Monate verurteilt. „Worum däi Debbn miich oozeichd hom“, sagte der Paul über seine Helfer, „des is mir ein Rädsel. Däi hom dauernd gschriea ‚Links eischloong‘ und ‚Rechds eischloong‘ und nou hobbi hald der Reihe nouch links und rechds neigschloong.“

Sitzstreik auf der Kühlerhaube

Die Fußgängerzone verdient ihren Namen nur teilweise, wie verschiedene verschreckte Fußgänger nach ihrer Flucht auf einen der wenigen Lindenbäume bezeugen können. Bis um halb elf ist dort der Lieferverkehr gestattet, und es besteht zu dieser Zeit eine gewisse Ähnlichkeit mit der Autobahn Nürnberg–München. Später erinnert die Oase für Spaziergänger an eine Radrennbahn. Obwohl es gesetzlich noch nicht vorgeschrieben ist, tragen manche Fußgänger jetzt in der für sie vorgesehenen Zone einen Schutzhelm, damit die hin und wieder an den Kopf fliegenden Skateboards nicht so starke Schmerzen verursachen. Der Erich ist ein unerschrockener Vorkämpfer für eine saubere Fußgängerzone und hat dafür mit einem Gerichtsverfahren büßen müssen.

Zeugen haben bestätigt, daß es wenige Sekunden nach halb elf gewesen ist, wie sich der bemerkenswerte Zwischenfall an der Lorenzkirche ereignet hat. Am Steuer seines Kleinlieferwagens ist an diesem Tag der Siegfried gesessen und hat die Fußgängerzone in Richtung Marientor verlassen wollen. „Aff aamol“, erinnerte sich der Fahrer, „schdäid der Moo direggd vuur mein Audo und schaud aff den linkn Durm vo

der Lorenzkerch naaf." Der Siegfried bremste, wartete höflich und betätigte dann sehr dezent seine Hupe. Der Erich stand wie ein Denkmal, mit verschärftem Blick auf die Türme der Lorenzkirche.
Daraufhin stieg der Siegfried aus dem Auto und fragte, ob der standhafte Herr die Beobachtung der Türme von St. Lorenz nicht eventuell um zwei Meter verschieben könnte. Die Antwort vom Erich war kurz und prägnant: „Hosd gwiss in dein Scheißkiibl kann Riggwärdsgang drinner!?" Worauf der Siegfried immer noch halbwegs höflich sagte: „Horch Freind, iich will edzer dou weiderfoohrn, und zwoor vuurwärds. Und wennsd nedd glei schausd, dassdi dou verzäigst, nou konnsd bis nach Lafferhulz aff der Kühlerhaum miidfoohrn!"
Die letzte Bemerkung hätte der Siegfried unterdrücken sollen. Mit einem letzten verträumten Blick auf die Lorenzkirche sprang der Kämpfer für eine reine Fußgängerzone auf die soeben angebotene Kühlerhaube des Lieferwagens und ließ sich dann auf dem Autodach nieder. Die Beine baumelten vor der Windschutzscheibe.
Die dringende Aufforderung vom Siegfried, den Sitzplatz zu verlassen, blieb ohne Erfolg. „Bis halberelfer", sagte er von oben runter, „derf mer dou middn Audo foohrn und ka Sekundn länger. Edzer lässd dein Gracher dou schdäih und morng fräih ummer siemer konnsd nern nou widder rausfoohrn."
Der Siegfried kletterte dann ebenfalls in den ersten Stock seines Lieferwagens und wollte den Sitzstreik mit leichter Gewalt beenden. Da sprang der Erich blitzschnell vom Dach, zog den Zündschlüssel ab und warf ihn in den nur ein paar Meter entfernten Gully. Vor dem inzwischen zahlreich versammelten Publikum schwanzte der Erich dann den Siegfried um das Wetterhäuschen rum, um den Stand eines Zwiebelschneiderverkäufers und um einen Pflastermaler mit seiner betenden Madonna. Bis die Polizei kam.
Wegen Nötigung und Sachbeschädigung wurde der Erich jetzt zu einer Geldstrafe von 600 Mark verurteilt. „Nou häddi nu a Frooch, Herr Richder", sagte er, „Nexd Wochn machi a glanne Wanderung ins Aldmühldal. Derffi dou bis Greding aff der Überholschbur vo der Audobahn laafn?"

Aus der Welt der fränkischen Gastronomie:

Mit Kind und Schlegel

Ein familiäres Mittagessen am Sonntag im Gasthaus gehört, wie jeder Soziologe bestätigen kann, zu den Höhepunkten des menschlichen Zusammenlebens.
Es beginnt mit der Auswahl des Lokales, wo der Herr Vater zum Beispiel einen Biergarten in Buttenheim in die Besprechung einbringt, die Frau Mutter den Häffner in Egloffstein, die verschiedenen Schwiegereltern einige lauschige Restaurants in Streitberg, Happurg, Spalt, Wolframs-Eschenbach, Osternohe, Altensittenbach oder in Südtirol. Und die Kindlein bevorzugen das Drive-In auf der Autobahn Würzburg, Ausfahrt Schlüsselfeld.
Nach höchstens zwei bis drei Stunden Diskussion einigt sich die Familie vollkommen demokratisch und nach einigen Androhungen auf sofortige Enterbung auf ein sehr schönes Lokal, das am Sonntag Ruhetag hat. Von diesem Lokal sind es lediglich noch achtzig Kilometer zu einem weiteren, sehr empfehlenswerten Gasthaus.
Dort ist es wegen Überfüllung geboten, daß sich die Familienmitglieder einzeln abfallen lassen, ausschwärmen und einen freien Tisch für zwölf Personen suchen. Bald schreit die Mutter „Gerch, schnell! Dou hodd anner blouß nu a halbs Gniedla am Deller!!“, bald ruft die Oma mit brüchiger Stimme, daß sie einen Schoppen Mosel möchte, und aus dem Nebenzimmer erschallt die Stimme der Erbtante: „Alles dou her! Iich hob an Bladz!!“ Sie hat ihre drei Brillen vergessen und weiß nicht, daß sie sich in einer Hochzeitsgesellschaft befindet, wo sie am Schoß des Brautvaters sitzt und ein Kalbsbries bestellen möchte.
Der Vater läßt sich an der Gassenschänke Gedanken über eine

mögliche Heimfahrt durch den Kopf gehen sowie einen doppelten Sechsämter und ein Hefeweizen. Sekunden später brüllt die Bedienung: „Wou issn mei dobblder Sechsämder und mei Hefeweizn, wou der Moo scho seidera Schdund draff wardd!?“ Der Vater, der auf Befehl der Gemahlin die neuen halblangen Bermudas vom Brenninckmeyer trägt, antwortet: „Im Bermuda-Dreiegg.“
Am Ende sitzt die Familie an sechs Tischen verteilt. Schweinebraten, Jägerschnitzel, Schäufele, Sauerbraten, Seniorenteller, Bauernfrühstück, Schinken im Brotteig und Hackbraten sind aus, und ein Kind wimmert unterm Tisch: „Iich mooch kanne Broudwerschd mid Grokeddn.“ Es erhält auf Wunsch zwei Schelln, bis sich herausstellt, daß dieses Kind zu einer anderen Familie gehört.
Während sich die zwei irrtümlichen Schelln fortpflanzen und aus ihnen ein Fall für die Rechtsschutzversicherung wird, jagt der familieneigene ungarische Hirtenhund drei Katzen des Wirtes durch das Lokal. Der Hirtenhund wird anschließend dergestalt an eine Stuhllehne gekettet, daß bei einem erneuten Sprung auf die Katzen die Oma hinterrücks mit dem Stuhl umkippt und infolge einer leichten Gehirnerschütterung keinen Hunger mehr verspürt. Sie liegt mit einem nassen Tempotaschentuch am Kopf in der Damentoilette, der Rest der Familie schwelgt, wie gut die Pommes frites mit Ketchup sind.
Bei der Heimfahrt tritt der Familienrat erneut zusammen. Es geht um die Entscheidung, ob man über Neunkirchen am Brand, über Igensdorf oder aber über Sulzbach-Rosenberg fährt. Die klare Minderheit, in der sich allerdings die Erbtante befindet, befiehlt die Heimfahrt über Behringersdorf, Schwaig und die Polizeikontrolle in Laufamholz. Letztere schätzt den Familienvater ziemlich genau auf acht doppelte Sechsämter und die gleiche Anzahl Hefeweizen.
Die letzten zwölf Kilometer legt die Familie teils zu Fuß, teils mit der Nürnberg-Fürther Straßenbahn zurück. Nur die Oma ist fein heraus. Sie ist vergessen worden und ruht immer noch mit dem nassen Tempotaschentuch am Kopf in der Damentoilette in einem schönen und inzwischen vollkommen leeren fränkischen Gasthaus.

Aus der Sprachleere:

Der Winterfrautel

Wie schon so oft in der Vergangenheit entsteht auch in diesen Tagen im Nürnberger Rathaus wieder eine Revolution. Trotz des aufreibenden Dienstes in den Amtsstuben ist es verschiedenen Sach- und Lachbearbeitern gelungen, neben dem nervenzerfetzenden Bedienen des Abreißkalenders, dem monotonen Malochen an der Bleistiftspitzmaschine und dem oft stundenlangen, quälenden Hinausschauen aus dem Fenster sich auch noch Sorgen um die deutsche Sprache zu machen.

Diese Sprachverbesserer haben sich das Hirn zermartert, wie man die Gleichberechtigung der Frau am besten in die Tat umsetzen kann und sind zu einer wohltuenden Lösung gekommen. Weil sich unter Bürgern, Leuten oder Menschen oft auch sprachlich bisher kaum berücksichtigte Frauen befinden, schreibt man gemäß dieser Revolution: BürgerInnen, LeutInnen, MenschInnen. Die Lösung ist also ganz einfach das große i. Weiterhin verwenden wir zur endgültigen Verwirklichung der Emanzipation nicht mehr das Wörtchen man, sondern ersetzen es durch man/frau. Es heißt also nicht mehr Emanzipation, sondern Eman/frauzipation.

Durch diese sinnvolle Neuerung würden etwa die Werke von Thomas Mann/Frau erstens den doppelten Seitenumfang und einen höheren Ladenpreis erzielen und zweitens auch irgendwie was Humoristisches in sich haben. Wonach man/frau bisher bei Thomas Mann/Frau vergeblich geforscht hat. Bei seiner Neujahrsansprache wird der Nürnberger OberInbürgerInmeisterIn (früher: Oberbürgermeister) vor die BürgerInnen treten und vielleicht sprechen: „Liebe AnwesendInnen, liebe IndustrielleInnen, liebe WohltäterInnen der MenschheitIn . . ." Und schon werden sich die ZuhörerInnen teils einen weiblichen, teils einen männlichen Buckel lachen. Es kommt insgesamt wieder Frohsinn in unser bisher so tristes maskulines Leben.

Wie diskriminierend hat sich zum Beispiel im allgemeinen Leerwesen der Ausdruck Azubi niedergeschlagen. Jetzt sagt man/frau im Zuge der neuen Sprachordnung AzubisInnen, und es ist Schluß mit der Knechtung beziehungsweise Magdung der Frau. Selbstverständlich finden im Nürnberger Rathaus auch keine Verbrüderungen mehr statt. Angenommen Herr Murawski (Grüne) und Herr Scholz (CSU) kommt es in den Sinn, daß sie ihre ideologischen Gegensätze mit zwölf Schoppen Wein in den RätInnenstuben verdünnen, spricht man/frau entweder von einer Verschwisterung oder von einem Trümmer PrellerIn. Die Innen-Innung macht sich zur Zeit noch Gedanken, ob die Mütter in Zukunft VaterInnen genannt werden sollen, oder ob man den Sammelbegriff ElternInnen einführt.

Weiters ist zu überlegen, ob es neben den bereits erwähnten BürgerInnen auch einen BürgerAußen geben wird. Gewisse Schwierigkeiten im Bereich der allgemeinen fränkischen Schimpfwortordnung muß man/frau noch überwinden. So muß man/frau sich fragen, ob der Depp, der Doldi und der Hirnheiner als eine der allerletzten männlichen Bastionen erhalten bleiben sollen. Wenn eine MenschIn zu einer ihr eng befeindeten anderen MenschIn sagt „Du bläide Deppin, du bläide", möchte vielleicht ein Teil der Wirkung des Depps verpuffen. Bei den Jahreszeiten ist es klar, sie werden verweiblicht, wie man/frau aus dem vielleicht anfangs noch etwas befremdlichen Wort WinterInman/frautel ersehen kann. Es handelt sich dabei selbstverständlich um nichts anderes wie den früheren, schwer frauenfeindlichen Wintermantel.

Das Christkind, das heute abend wieder in Nürnberg auftaucht und früher ebenfalls einmal unter dem Decknamen Jesus ein Mann war, ist hier bei uns göttinseidank schon seit dem Jahr 1948 eine Frau. Kyrie Eleison/tochter.

Der Greifer

Das Betasten der Lebensmittel sowie der sekundären Geschlechtsmerkmale ist im Geschäft bekanntlich verboten. Im Wirtshaus ist das Maßnehmen am Hintern oder an anderen Ausbuchtungen der jeweiligen Bedienung gelegentlich noch gestattet oder geduldet, denn mit der Hebung des Hormonspiegels hebt sich bei einem männlichen Gast oft auch die Höhe des Trinkgeldes. Dieser moralisch nicht sehr einwandfreien Haltung hat sich die körperlich noch sehr gut erhaltene Frau Gabi nicht anschließen können, wenn ihr ein gewisser Herr Erwin am Stammtisch ständig mit kleinen Handreichungen seine Vorliebe für barocke Formengebung ausdrücken hat wollen.
An dem alle zehn Minuten von der Gabi ausgestoßenen Hilferuf „Alder Saubär, dou deine Griffl wech!" wußte jeder Gast im Wirtshaus, daß der Erwin da ist und seine Hand in und an der Gabi genüßlich spazierengrabschen läßt. Vor Gericht sagte die mindestens dreimal in der Woche schwer bedrängte Kellnerin, daß sie sich nicht mehr zu helfen gewußt hat und daß man als Bedienung ja schließlich nicht mit einer Blechhose und einem Brustpanzer wie der Ritter Eppelein von Gailingen rumrennen kann.
So hat die Gabi an einem Freitag abend zu anderen Maßnahmen greifen müssen. An diesem Abend ist der vermutlich ebenfalls aus Gailingen stammende Erwin ausnahmsweise mit seiner Ehegattin im Lokal erschienen und war sehr sittenstreng. Statt wie sonst lautstark die Festigkeit der Gabi ihrer Oberweite zu loben und das anschließend mit einem schnellen Griff in die Bluse zu überprüfen, hatte er beide

Hände am Tisch und sagte „A glanns Bier, Frollein, und fiir mei Frau an Dee mid Zidrone".
Als sich die Gabi beim Servieren von dem Schluck Bier leicht bückte, schlug der Erwin verschämt wie ein Außendienstmitarbeiter des Vatikans die Augen nieder, daß er nicht in die Todsünde des Dekolletés schauen muß. In diesem Moment ergriff die Gabi ihre Gegenmaßnahmen. Sie setzte sich dem Erwin halb auf den Schoß, packte den über Nacht so verschüchterten Stammgast mit dem auch beim Freistilringen gefürchteten Untergriff und fragte laut: „No wie geeds, wie schdeeds? Odder hosd dein Huusnbfiffer haid goornedd derbei?" Anschließend langte die Kellnerin sehr zum Erstaunen vom Erwin seiner Gemahlin dem Nachbarn ins Hemd, von hinten in die Hose und schüttelte ihm zur Begrüßung auch noch freundschaftlich die Nase. Dann küßte sie ihn mit einem leichten, aber deutlich vernehmlichen Knall ins rechte Ohr.
Der Erwin errötete wie die Morgensonne und murmelte: „Obber Frollein, wos mach nern Sie dou? Iich mous scho rechd schee biddn! Wos soll denn dou mei Frau vo mir denkn. Denner'S biddschen ihr Händ aus meiner Huusn." Die Gabi war aber bereits dazu übergegangen, ihm das Hemd aus der Hose zu ziehen und den Bauch zu tätscheln. „Kein Gramm zer vill", sagte sie dabei anerkennend, „a gscheider Rammler werd hald nedd fedd." Dann wandte sie sich der Ehefrau vom Erwin zu und fragte sie: „Douder derhamm aa immer suu nersch? Also iich konnern masdns goornedd bremsn – wäi wenner mid sein Schdegger anner Adomgrafdwerg oogschlossn wär!"
Beim Stecker im Atomkraftwerk war die Geduld der Ehefrau schon erschöpft. Erst watschte sie ihren Gemahl mehrfach, dann die Frau Gabi, schüttelte ihr den heißen Tee mit Zitrone ins Gesicht und setzte noch mit einem kräftigen Fußtritt nach. Wegen der vorausgegangenen provozierenden Über- und Untergriffe an ihrem Erwin wurde sie nur zu einer Geldstrafe von sechshundert Mark verurteilt. Beim Verlassen des Gerichtssaales tätschelte die Gabi ihrem ehemaligen Greifer zum Abschied noch einmal den Hintern und sagte poetisch: „Ganz schäi zweggerd, Herr Eggerd."

Lachen heißt: schadenfroh sein, aber mit gutem Gewissen.

Friedrich Nietzsche

ACHTUNG AUFNAHME

Liebe Hörerin, lieber Hörer,

kein Rundfunkreporter, kein Nachrichtensprecher und keine Moderatorin muß noch einmal »sauer« sein, wenn er/sie sich kräftig verspricht oder herrlich hängen bleibt. Das Studio Würzburg des Bayerischen Rundfunks sammelt solche kleine Pannen und unterstützt damit seit Jahren Selbsthilfe-Projekte Aussätziger in Äthiopien.
Diese Kassette soll den Bau eines Kindergartens in der Lepra-Kolonie Boru Meda, im Norden Äthiopiens finanzieren. Dort verdienen etwa 30 Frauen den Lebensunterhalt für ihre Familien mit Teppich-knüpfen, ihre Kinder haben sie in einem düsteren, muffigen Schuppen von früh bis spät bei sich.
Wir bedanken uns erneut: bei der BASF AG (Ludwigshafen), für Kassetten, bei Johannes R. Köhler (Bad Kissingen), der uns seine Erfolgsmusik »zum Streicheln« wieder zur Verfügung stellte und bei vielen, die es möglich gemacht haben: Daß die Spende, um die wir bitten, zugleich der Reinerlös dieser Kassette ist und in voller Höhe an das Deutsche Aussätzigen Hilfswerk (DAHW) in Würzburg weitergegeben wird.
Daß Sie ab und zu mal lachen können, wie von Nietzsche vorgeschlagen, während die Kassette läuft, das wünschen sich
Franz Barthel und viele Kollegen.

PS: Versprecher-Kassetten, auch Nr. 1 **»Achtung Aufnahme«** und Nr. 2 **»fast ins Mikrofon gebissen«** gibt es nur bei:
Welle Mainfranken, Rotkreuzstr. 2 a,
8700 Würzburg, Telefon 09 31/5 03 35

Der Waffelbeck

Mit zunehmendem Alter nimmt bei vielen Menschen die Freude am gemeinsamen Gespräch ab. Sie wissen schon alles und sind an Diskussionen über die Großwetterlage, den europäischen Binnenmarkt oder über die Erhöhung der Kilometerpauschale beim Jogging nicht mehr interessiert. Man kann bei diesen Menschen von einer gewissen Wortkargheit sprechen. Zu ihnen gehört der Otto, der vor drei Jahren den Ruhestand erreicht hat. Seine Kommunikationsfreudigkeit befindet sich ebenfalls im Ruhestand.

Bei Einbruch der Dämmerung schlurft er aus dem Haus, betritt nach zwanzig Schritten gleich um die Ecke seine Gaststätte und klopft mit dem Zeigefinger auf den Tisch. Es bedeutet: Grüß Gott beisammen, wie geht's Euch, bei mir ist alles in Ordnung, ich krieg bitte ein Bier, nicht zu kalt und mit wenig Schaum, weil, gegessen hab ich schon. Zweimal klopfen bedeutet, daß der Otto zum Bier noch einen Magenbitter wünscht.

An jenem Dämmerschoppen, um den es jetzt beim Amtsgericht ging, hat der Otto schon ziemlich oft mit dem Zeigefinger geklopft, so daß seine Melancholie in Verbindung mit der dringenden Bitte um nachbarliche Schweigepflicht unermeßlich war. Leider hat das ein gewisser Herr Paul, der in dieser gefährlichen Phase geschmeidig durch die Tür gefedert ist, nicht gewußt. „Habe die Ehre“, sagte er fröhlich, was für den

Otto bereits drei Worte zuviel waren. Dann bestellte sich dieser Paul eine Halbe Bier und fragte zielstrebig: „No Masder, simmer aa aweng im Werzhaus?"
Der Otto klopfte vor innerer Erregung dreimal mit dem Zeigefinger auf die Tischplatte, das Zeichen für ein erneutes Bier und einen doppelten Magenbitter. „Ba den Scheiß Wedder", fuhr der Paul unerschrocken fort, „wos willsdn dou andersch machn, wäi ins Werzhaus gäih. Iich woor edzer grood im Kranknhaus ba meiner Frau. Nou hobbi widder hammlaafn wolln, und nocherdla hobbi mer dengd, gäisd nu an Schbrung ins Werzhaus. Des is suu nasskald draußn, dou gäid mer gern aff a Seidla ins Werzhaus." Der Otto schaute in sein Bierglas. „Mei Frau is nemli krank!" sagte der Paul, „edzer hodd unser Doggder gsachd, mir denners amol zur Beobachdung ins Kranknhaus. Mir sin bam Müggenhaupt, iich wass nedd ob'S nern kenner. Bam Junger. Der alde Müggenhaupt is ja scho vuur drei Joohr gschdorm. Malaria. Der woor ja im Griech in Afrigga und dou hodd der oft suu Fieberanfäll gräichd."
Der Otto knirschte mit dem Gebiß und klopfte nach einem erneuten Bier. „Iich hob doch ledzds Joohr", sagte der Paul, „aa suu arch Fieber g'habd. Fasd annervärzg Grood. Mei Frau hodd mer kalde Wiggl gmachd, wall der Müggenhaupt ist im Urlaub gwesen. Obber nou hobbi däi kaldn Wiggl nedd verdroong. Und nou ist des Fieber fei immer nu häicher worn. Nou hommer die Wiggl widder roo. Nou is in Müggenhaupt sei Verdreedung kummer. Der hodd mi nou gleich ins Kranknhaus." Nach einer kurzen Pause fügte er hinzu: „Mei Frau is ja aa im Kranknhaus. Obber blous zur Beobachdung, hodder Müggenhaupt gsachd."
Daraufhin stand der Otto auf, gab dem Paul links und rechts eine derartige Schelln, daß der an der Theke eingenickte Wirt vom Schall aus dem Schlaf gerissen wurde. Dazu schrie der Otto: „Edzer bisd aa glei im Kranknhaus!" Wegen Körperverletzung wurde er zu eine Geldstrafe von tausend Mark verurteilt. „Wenn's Ihna indressierd", sagte der Paul zum Prozeßgegner, „iich bin fei an den Oomd nedd ins Kranknhaus kummeer. Der Müggenhaupt hodds ambuland behandld, die Schelln. Und meiner Frau gäids aa besser."

Die Sau im Angebot

Wissen ist bekanntlich Macht. Ein gewisser Erich L., freischaffender Lebenskünstler, weiß zusätzlich, daß der Drang nach Wissen auch in einer nebelhaften Ohnmacht enden kann. Dieser Erich ist nach des Tages Müh und Plag, verbunden mit einer starken inneren Trockenheit, in der Südstadt in einem Wirtshaus gesessen und hat sich seine Staubkehle befeuchtet. Anschließend hat er mit drei Kollegen einen Schafkopf zu fünf Pfennig gespielt. Dieser Schafkopf hat wesentlich teurer geendet.
Die vier Kartelbrüder waren die letzten Gäste, der Wirt hat in der Hüfte rechtwinklig abgeknickt auf der Eckbank geschlafen. So hat niemand bemerkt, daß aus dem späten Freitag schon ein früher Samstag geworden ist. Wie der Name Polizeistunde schon sagt, erscheint zu diesem Zeitpunkt oft die Polizei und bittet die Gäste, das Wirtshaus zu verlassen und hundertfünfzig Mark wegen Überschreitung der Sperrstunde zu zahlen.
Der Erich hat gerade den Eichel Ober über seinem Haupt geschwungen und gesagt: „Edzer hobbi nu in Aldn, und nou sins Aanersechzg. Eich bläide Kameldreiber werris scho

zeing ...". „... wou der Barddl in Mosd hulld" wollte er eigentlich noch sagen, da nahm ihm von hinten ein Herr den Eichel Ober aus der Hand und verkündete in aller Ruhe, daß das Rot Solo vorzeitig beendet ist, daß die Glocke von der Peterskirche gerade drei Uhr geschlagen hat und, daß es eine Geldstrafe von hundertfünfzig Mark kostet.
Daraufhin hat der Erich gebrüllt: „Du Aff, schau blouß, daß däi Karddn herdousd!" Erst dann merkte er beim Umdrehen, daß es sich bei dem Aff um einen Polizeibeamten handelt. „Wemmer den Aff nu derzou zähld", sagte der Beamte, „nou kosds wohrscheins zwaahundert Mark." Das war dann der Zeitpunkt, wo es den Erich nach noch mehr Wissen dürstete. „Nou kosd ba Ihna", sagte er, „a Aff also fuchzg Mark. Wos kosdn nocherdla a Sau?" Darauf erhielt der Erich keine befriedigende Antwort und erkundigte sich noch, ob es zutrifft, daß ein Depp preislich günstiger ist als ein Volldepp. Die Antwort vernahm der Fragesteller nur noch sehr undeutlich, den er befand sich bereits mit dem Arm im Polizeigriff und mit dem Kopf im Schwitzkasten. Angeblich ist er wegen des polizeilichen Übergriffes dann eine halbe Stunde lang ohnmächtig im Bodennebel des Gasthauses darniedergelegen. Was aber der Beamte bestritt und auch die drei Zeugen nicht bestätigen konnten. Die Preisverhandlungen über die Tierwelt vom Affen bis zur Sau waren aber aktenkundig. „Iich derf doch", verteidigte er sich jetzt vor dem Amtsgericht, zum Beischbill an Bolli froong, wos kosd, wemmer ba Roud iiber die Ambl fäärd. Und nou mousi bam Karddln doch aa indressehalber froong derfn, mid wievill Mark daß ein Depp odder a Doldi im Kaddalooch drinnerschdäid. Iich kommer doch nedd jeedsmool ins Werzhaus mein Rechdsanwald miidnehmer!"
Im Namen des Volkes wurde dem Erich anschließend mitgeteilt, daß die Sperrstundenüberschreitung in Tateinheit mit einem Aff, einer Sau, Depp und Volldepp zwölfhundert Mark kostet. Er kann gegen dieses Urteil das Rechtsmittel der Berufung einlegen. „Dou kenner'S Gifd draffnehmer", sagte der Erich zum Vorsitzenden, „wall der Bolli hodd gsachd, daß der Aff fuchzg Mark kosd. Und edzer solli zwelfhunderd Mark zoohln! Den Doldi zeichi oo weecher Falschaussage!"

Das Geheimnis der Schopenhauerstraße

Der Alwin hat den Nachteil, daß er in Worzeldorf geboren ist, aufgewachsen, dort auch immer noch lebt und keinerlei Kenntnisse über die Feinheiten des Nürnberger Wege- und Straßennetzes hat. Seine verzweifelte Suche nach der Äußeren Schopenhauerstraße im Norden der Stadt hat wider Erwarten nicht in jener nach dem Philosoph Arthur Schopenhauer benannten Straße geendet, sondern beim Amtsgericht in der Fürther Straße, Ecke Bärenschanzstraße.
Arthur Schopenhauer hat bekanntlich die transzendentale Ästhetik Kants mit einer selbständigen Willensmetaphysik verbunden. Mit der Willensmetaphysik des Herrn Alwin war es schlecht bestellt. Bereits nach der dritten verzweifelten Fragestellung „Endschuldings Masder, iich mäißerd in die Schobbnhauerschdrass!?" war sein Wille, in die Schopenhauerstraße zu fahren, schon sehr geschrumpft. Der erste Herr hat bei seiner Auskunft noch ganz klar zu erkennen gegeben, daß er aus einem kleinen Dorf in der Schwäbischen Alb stammt, daß er nur zu Besuch in Nürnberg weilt, daß seine älteste Schwester fünfundsechzigsten Geburtstag feiert, daß er drei Tage unbezahlten Urlaub hat nehmen müssen und daß er infolgedessen von einer Schopenhauerstraße nichts weiß. Der Alwin hat sich für die Auskunft herzlich bedankt und einen kurz danach mit einem Hund auftauchenden Herrn erneut über die geographische Lage der Schopenhauerstraße

befragt. Dieser Passant hat schon was Näheres gewußt. „Schobbnhauerschdrass“, hat er geantwortet, „gibds in Närmberch ibberhabbs kanne.“
Die dritte Mitteilung über die Schopenhauerstraße erhielt der Alwin von einer Dame. „Schobbnhauerschdrass?
Goor ka Broblem, sagte sie, „dou drehas edzer rum, nou vorna an der Ambl links, nou gleich widder rechds. Und nocherdla als groodaus, immer groodaus bis zu den glann Milchloodn, nou rechds und des is nocherdla die Schobbershuufschdrass.“ Er möchte aber, sagte der Alwin, nicht in die Schoppershofstraße, sondern in die Schopenhauerstraße. Darauf antwortete ihm die Dame: „Ach suu, Schobbnhauerschdrass – däi wassi nedd.“
Danach fragte der Alwin den Ernst. Auch dieser Herr verhielt sich sehr freundlich – so, wie wenn er seit drei Wochen auf nichts anderes wartet als auf jemand, der ihn nach der Schopenhauerstraße fragt. Als erstes sagte der Ernst: „Die Schobbnhauerschdrass, des hommer glei.“ Als zweites fragte er, zu wem der Alwin in der Schopenhauerstraße will. „ Zu die Schneiders“, sagte der Alwin gehorsam. „Hassd der Schneider mit Vuurnooma Bernd?“ fragte der Ernst nach und fügte dann gleich hinzu: „Des is nemli a Kuseng vo mir. Der Schneiders Bernd. Der hodd a Drogerie in Gibidznhuuf g’habd. Däi hoder verkaffd, scho vuur fuchzeha Joohr. Obber der wohnd fei nedd in der Schobbnhauerschdrass. Der Bernd, der wohnd in der Markgrafnschdrass. Dou mäin’S edzer links, nou widder rechds, nocherdla groodaus . . .“ Zu weiteren Erläuterungen über den Wohnsitz seines Cousins ist der Ernst nicht mehr gekommen. Der Alwin hat ihm drei Schelln gegeben, eine links, eine rechts und eine geradeaus auf die Nase.
Wegen Körperverletzung wurde der Alwin zu einer Geldstrafe von nicht ganz tausend Mark verurteilt. Zusätzlich einer Ordnungsstrafe von hundert Mark. Auf die Bemühungen des Vorsitzenden, ihm im nachhinein den Weg in die Schopenhauerstraße zu erklären, hatte der Alwin nämlich gesagt: „Iich scheiß Ihna aff Ihrn Schobbnhauer. Und zwoor erschd links rum, nou rechds rum und nocherdla immer groodaus.“

Aus der Welt der Freizeit:

Tiefenspringer Walter K. und andere Bestleistungen

Beängstigend lang hat man nichts mehr gehört von einem Mengenrekord im beidarmigen Ameisenessen, von neuen Bestleistungen im Kühlschrankweitwerfen, oder von jenem Herrn, der im denkwürdigen Herbst 1984 die Waschtrommel-Rallye Großhabersdorf – Büchenbach und zurück in der Weltbestzeit von 428 Tagen, 14 Stunden und 58 : 24 Minuten gewonnen hat und seitdem stolz auf seinen goldumrandeten Eintrag im Guinness-Buch der Rekorde verweisen kann und auf einen von allen Ärzten gesichert diagnostizierten Dachschaden.

Man hat schon fast befürchten müssen, daß diese schöne Einrichtung der englischen Brauerei, Rekorde aller Art von der Dauerdiarrhoe bis zum größten Liliputaner der Welt feierlich zu würdigen, in Vergessenheit geraten ist. Aber jetzt hat sich wieder ein begnadeter Künstler über die dumpf dahinbrütende Menschheit gleichsam mit den Schwingen eines Adlers erhoben und hat in der bekannten ostfranzösischen Musikerstadt Champigneulles-en-Bassigny 216 Stunden lang ohne Unterbrechung Ziehharmonika gespielt.

Kaum sind also die langen, dunklen Winternächte mit ihren gnadenlosen Vollräuschen vorbei, können wir uns also doch wieder an den Erhabenheiten neuer Guinness-Rekordversuche erfreuen und aufrichten. Dankbar erinnern wir uns dabei vielleicht, daß es auch im fränkischen Raum Rekordhalter gibt, die auf der Ehrentafel des gehobenen Schwachsinns für immer und ewig eingemeißelt sind. Aus der langen Liste örtlicher Guinness-Heroen seien nur erwähnt: Der Rückwärtssimultandolmetscher Luap Rellerp, Heiner Blesch, der in vierzehn Tagen 18 324 Reval geraucht hat und jetzt als Rumbarassel in der Conny Wagner-Show Stargast ist, Josef Schlupp, der unvergessene Weltrekordler im Hüfthalterschnalzen.

Derzeit bereitet auch der frühere Hochspringer Walter K. eine neue Karriere betreffs einen Eintrag im Guinness-Buch der Rekorde vor. Nachdem er mit seinen Hochsprungleistungen (Bestmarke 21,5 Zentimeter) nicht ganz in die obere Phalanx der Weltrangliste vordringen konnte, versucht K. sich jetzt als Tiefenspringer. Sein letzter Versuch – ein Sprung aus dem Clofenster seiner Parterrewohnung (2,10 Meter) – gibt zu Hoffnungen Anlaß, daß er jetzt endlich auf dem richtigen Weg zu einem neuen Tiefensprungweltrekord ist. In Vorbereitung ist auch ein Weltrekordversuch von Jakob Pfiff aus Fürth im Dauerkunstzirpen. Er hat sich durch die mentale Vertiefung in das Zirpen bereits körperlich verändert und wird von seiner Frau dreimal nächtlich in einem selbstgeflochtenen kleinen Grillenkäfig in den Fürther Stadtpark zum Intervalltraining getragen. Mitte Juli will Pfiff offiziell von sich hören lassen.

Tragisch endete allerdings das Bemühen des geübten Gostenhofer Biertrinkers Ossi S., der mit der höchsten Promillezahl der Welt in die Kulturgeschichte eingehen wollte. Er ließ sich, von einer örtlichen Brauerei gesponsert, achtzig Kasten Bier kommen. Was zügig getrunken sicherlich für rekordträchtige sechsundzwanzig bis siebenundzwanzig Promille ausgereicht hätte. Irrtümlich wurde der hauptberufliche Tucher-Testtrinker aber mit dem neuen alkoholfreien Bier beliefert. Seither hetzt der Weltrekordanhänger mit einem Wasserbauch, dicken Ohren, ausgemergelter Leber und mit einem verzweifelten Gesichtsausdruck ziellos durch die Stadt und ist von den Segnungen eines Eintrags im Guinness-Buch der Rekorde weit entfernt.

Aus der Welt der Verwaltung:

Die Zulassungsstelle, eine Oase der Zeitlosigkeit

Durch die schönen Errungenschaften des Bundesministers für Müßiggang und Laster haben die Menschen sehr viel Freizeit, wo keiner mehr weiß, was er die ganze Nacht damit anfangen soll. Eine sehr sinnvolle Tätigkeit, bei der wir uns ohne weiteres fünf bis sechs Stunden Freizeit um die Ohren hauen können, ist der Besuch der Nürnberger Kraftfahrzeugzulassungsstelle. Der Eintritt ist frei, es handelt sich um eine Oase der Zeitlosigkeit.

Angenommen, wir erscheinen dort an einem Vormittag um neun Uhr mit dem Bedürfnis nach einer Kraftfahrzeugzulassung, treten an einen der zahlreichen Schalter und erklären im hiesigen Amtsdeutsch: „Griss Godd, iich hädd amol ewendwell gern a Frooch. Es dreed sich weecher die Nummer." Dann hebt der gerade über einem Leberwurstbrot und einer Salzgurke meditierende Kraftfahrzeugzulassungsoberamtsrat seinen schweren Kopf um zirka einen halben Millimeter und deutet gleichzeitig mit dem unteren Ende des Datumstempels an uns vorbei auf die Wartehalle. Wir erblicken dann dort eine große Menschenmenge in gramgebeugter Haltung, die anscheinend schon vor uns da war. Wir setzen uns zu ihr und warten. Manchmal erhebt sich jemand, häufig erhebt sich niemand.

In einem Eck schwebt in der Höhe eine Art Uhr, auf dem wir die Zahl 579 ablesen. Schwere Gedanken über die Zahl 579

zermartern uns von da an den Kopf. Nach einer Stunde fragt uns der Nachbar zur Linken: „Wos hom nern Sie fiir a Nummer zuung?“ Dadurch wissen wir bereits, daß man eine Nummer ziehen muß. Wir drehen unauffällig eine Warteschleife durch das Zulassungsgelände, erblicken einen kleinen Automat und ziehen dort die Ziffer 611.
Man sinnt im Verlauf von vielleicht fünf Stunden darüber nach, daß das Verfassen einer dreistelligen Autonummer und das dazugehörige Zulassen eigentlich in ein paar Sekunden erfolgen könnte. Wiederum kann aber die Auswahl dieser dreistelligen Autonummer sehr zeitraubend sein, wenn man bedenkt, daß es unendlich viele Zahlen im Universum und Umgebung gibt. Ein Kraftfahrzeugzulassungsbeamter ist sich vielleicht nicht schlüssig, ob er die Zahl 813 nehmen soll, vielleicht 926, eventuell 927, oder lieber doch eine Schnapszahl wie 333. Bevorzugt der Nummernantragsteller eine Primzahl, eine durch vier teilbare Zahl oder seinen Geburtstag? Alles Fragen, die sorgfältig geklärt werden müssen. Manchmal passiert es auch, daß ein Schalterbeamter vor sich gerade ein sehr schwieriges Kreuzworträtsel liegen hat.
Bei Menschen, die im Umgang mit Kraftfahrzeugzulassungsstellen vielleicht noch keine große Erfahrung haben, kommt nach sechs Stunden Wartezeit schon eine leichte Ungeduld auf. Sie rufen daheim an und brüllen ins Telefon „Iich hob gsachd, dassd middn Daxi in die Zulassungsschdell foohrn sollsd und mein Schloufsagg miidbringer!!“ oder sie erforschen vor Langeweile den Inhalt ihrer Nase und führen die Fundgegenstände traumverloren in den Mund ein. In diesem Fall kann man annehmen, daß sie eine Woche Zulassungsstelle mit Vollpension gebucht haben.
Insgesamt handelt es sich bei einer Zulassungsstelle um ein wohltuendes zeitliches Vakuum, in dem man plötzlich fühlt, wie nichtig alles menschliche Streben und Trachten ist gegenüber dem majestätischen, ruhenden Pol eines Beamten. Manche Menschen werden durch das Kraftfahrzeugzulassungsamt auch zum Radfahrer, Fußgänger oder Amokläufer und belasten dadurch die Umwelt nicht mehr mit ihren Abgasen. Insofern ist es dann eine Kraftfahrzeugnichtzulassungsstelle und eine sehr sinnvolle Einrichtung.

Freibier für Danzig

Das Zuschauen bei interessanten Darbietungen wie zum Beispiel bei einem Autounfall, eine Messerstecherei oder bei einem Selbstmordversuch durch einen Sprung vom Sinwellturm gehört mit Recht zu den Lieblingsbeschäftigungen der Menschheit. Nichts sieht jemand, der mitten im Leben steht, lieber als abgequetschte Beine oder herrenlose Ohrläppchen. Zu den gründlichen Beobachtern des Schicksals anderer Menschen gehört auch Herr Gustav F., der mit Vorliebe handgreifliche Auseinandersetzungen aus allernächster Nähe verfolgt und sie mit fachkundigen Bemerkungen begleitet. Er hat einen sechsten Sinn für bevorstehende Zwistigkeiten und befindet sich meist schon vor dem Ausbruch der Feindseligkeiten ganz in der Nähe des Unruhe-Herdes.

Auf der Kirchweih in Zabo hat sich dieser Gustav ein Wirtshaus für seine Beobachtungen ausgesucht, und dort wiederum einen Tisch, wo sehr sachlich über großdeutsche Politik diskutiert worden ist.

„Doidschland", hat ein Herr gebrüllt und ist dabei auf den Stuhl gesprungen, „Doidschland und meine Bräider und Schwestern in der Zone mäin edzer vo der russischn Gnechdschafd befreid wern! Freiheid für Danzich!"

Einige Gesprächsteilnehmer blieben dabei ruhig sitzen und sagten: „A Brösdla." Einer stammelte mit ebenfalls erhobenem Maßkrug: „Ein Brosidd, ein Brosidd der Iiberheblichkeid". Und der Eugen, der unmittelbare Nachbar des heimatliebenden Hauptredners, antwortete auf die Gebietsforderungen von Danzig: „Hogg di widder hii und hald dei Goschn."

Womit die Debatte an sich bereits wieder beendet gewesen wäre. Aber der Gustav erkannte sofort, daß hier noch Kräfte im Verborgenen schlummern, und stichelte den Danzig-Eroberer namens Willi: „Des lasserd iich mir nedd gfalln. Mer werd doch nu sei Meinung soong derfn."

Daraufhin wurde der Willi in der Tat erneut pampig, schüttelte den Eugen am Hemd und schrie ihn an: „Dou dei Brilln roo, edzer grachds!" Wieder mischte sich der Gustav ein und sagte in Erwartung einiger schöner Schelln: „Hom'S nedd g'heerd? Sie solln Ihr Brilln roo dou!" „Wenni mei Brilln roo dou", antwortete der Eugen, „nou sichi nix mehr."

Die entscheidende Phase der ostpolitischen Diskussion konnte auch jetzt vor dem Amtsgericht nur noch schemenhaft geklärt werden. „Der Willi", erinnerte sich der Eugen, „hodd mer anne aff die Goschn naafg'haud, und der andere Gimbl dou hodd immer gschriea ‚Denner'S Ihr Brilln roo, denner'S Ihr Brilln roo'. Und nou hodder mer aff aamol wergli mei Brilln roozuung. Iich hob links achdkommafimbf Diobdrin und rechds sichi ungefähr suvill wäi a neunzgjähriger Maulwurf. Andersch koo ich mir den Zwischnfall nichd ergläärn."

Der Zwischenfall bestand darin, daß dieser eigentlich nur zum Zuschauen anwesende Gustav dem Verteidiger von Danzig mitteilte „Edzer hobbin sei Brilln roo, edz konnsd nern anne aff die Noosn hauer". Daraufhin zog aber zuerst der schwer sichtbehinderte Eugen auf, sagte geschwind noch „Iich sich nix mehr, iich konn fiir nix garandiern", und dann empfing den erstaunten Gustav ein Faustschlag, der ihn irgendwie an ein unglückliches Zusammentreffen mit einem Tiefflieger erinnerte. Er hauchte noch „Edzer hosd in Verkeerdn derwischd, iich hob doch nix gsachd", dann fiel er in eine kurze Ohnmacht.

Der wegen irrtümlicher schwerer Körperverletzung angeklagte Eugen wurde freigesprochen. Der Gustav gab nach dem Urteil die Erklärung ab, daß er sich nie wieder in ostpolitische Grenzdiskussionen einmischen wird, weil es außer fehlgeleiteten, handgranatenartigen Schelln nichts bringt.

Gebiß Ahoi!

Der Helmut und der Richard sind von Beruf Anlageberater. Sie beraten sich in den milderen Zeiten des Jahres jeden Abend, in welcher Anlage sie die Nacht verbringen sollen. Ihre Wertpapiere sind jene dicken Samstagszeitungen, die sich inhaltlich vor allem als Daunendecken für den kleinen Mann aus der Leih-Society eignen. Mehrere Jahre sind die zwei Aussteiger gemeinsam durchs Leben gesandelt und enge Freunde geworden.

Die Freundschaft hat jetzt vor dem Amtsgericht geendet, wo der folgenschwere Streit um einen Schluck Rotwein, ein Gebiß und die Pegnitz verhandelt werden hat müssen. Die dritten Zähne vom Richard hatten im Lauf der Zeit reichlich Luft gekriegt und sind nicht mehr allzufest in der Verankerung gehängt. An einem milden Abend sind die zwei Kumpel auf der Holzbrücke am Weinstadel gestanden, haben über das Leben nachgedacht, der Sonne beim Untergang zugeschaut und mitten in der Beschaulichkeit Durst gekriegt.

Der Richard hat eine bereits angebrochene Flasche Rotwein aus dem Plastikbeutel gezogen, aber leider den Korken nicht aus dem Flaschenhals gebracht. „Hau aweng draff", hat der Helmut gemahnt, „wennsd nu a bissla braugsd, nou binni verdorschd! Maggs hald middi Zähn aaf, du Debberla!" Der Richard vergaß angesichts der starken Dürre im Hals für Sekunden sein Zahnleiden, biß sich im Korken fest, zog kräftig an und kurz danach plätscherte es unter ihm in der Pegnitz. Das Gebiß ist in den Fluß gefallen. „Nou hobbi", sagte er vor Gericht, „nou hobbi zum Helmud gsachd, dasser a bläids Rimbfiech ist. Und wenner nedd aff der Schdell meine Zähn widder aus der Bengerz hulld, nou gibds Drimmer Fodzn. Der Doldi hoddsi gschiddld vuur Lachn und hodd dauernd geschrieha ‚Gebiß, Ahoi! Gebiß Ahoi!'

Ob die Zähne nicht gleich untergegangen sind, fragte der Herr Amtsgerichtsrat. „Naa", sagte der Richard, „dou is doch nu der Korkn vom Roudwein neizwiggd gween. Des woor ja mei Gligg, drum is mei Gebiß Godzeidank nedd underganger. Des is in Richtung Färdd gschwummer, und der ander Debb hodd immer nu geschrieha ‚Gebiß Ahoi! Volle Fahrt voraus!'

Plötzlich hat es noch einmal schwer geplatscht im Fluß. Jetzt ist der Helmut in der Pegnitz gelegen, und der Richard hat vom Steg nach unten geschrien „Rimbfiech, Ahoi! Schdarg Baggbord!" Von der Kommandobrücke aus hat er seinem Freund noch befohlen, sofort das Gebiß zu retten. Doch dafür war es bereits zu spät, denn der Zahndampfer mit dem Rettungskorken war schon hinter dem Wehr an der Maxbrücke verschwunden.

Dafür, daß der Richard seinen Freund über das Brückengeländer geschubst hat, und für die anschließend sehr aufwendige Rettungsaktion durch Polizei, Sanitäter und Feuerwehr, soll der Richard jetzt eine Geldstrafe von vierhundert Mark zahlen. „Dou werds obber schlechd ausschauer, Herr Richder", sagte der Richard, „wall mei ganzer Reichdum ist der Goldzahn in mein Gebiß gween. Und des werd edzer woohrscheins scho affn Weech nach Ameriga sei."

Ein Fahrrad ist kein Sattelschlepper

Von der Sperrholz-Villa bis zum handgetöpferten Gartenzwerg deckt der städtische Schrebergärtner heutzutage seinen Bedarf für das Leben in der Kolonie aus eigener Fertigung. Der Karlheinz, der in Zabo zweihundert Quadratmeter Heimatsand bewirtschaftet, hatte sich für das Wochenende den Eigenbau einer Verandaüberdachung vorgenommen. Für den Transport der Rohstoffe hätte er ein Langholzfuhrwerk oder einen Sattelschlepper haben sollen.

Aber der Karlheinz geht nicht mit der Zeit, sondern zu Fuß, und er ist am Freitag nachmittag vor dem Problem gestanden, wie man fünf Bund Dachlatten mit sechs Meter Länge von einem Baumarkt in der Gustav-Adolf-Straße nach Zabo befördert. Es hat vor dem Amtsgericht geendet. „Iich hob däi Dachladdn“, sagte der Karlheinz auf der Anklagebank, mid Schwung aff die Schulder draffgwuchd, und nou sins mer mid Schwung widder roogfluung. Nou hobbi a Daxi oogruufn.“ „Bass amol aaf, Freind“, erklärte der Taxifahrer, als er sah, daß er ein halbes Sägewerk transportieren soll, „dou gäisd edzer mid dein Hulz zon Randschierboohnhuuf und frougsd, ob haid nu a Güüderzuuch nach Zabo fäärd.“ Also nahm der Georg sei Langholz wieder auf die Achsel und wankte in Richtung Schweinau. „Dou hobbi nou Dorschd gräichd“, erklärte er dem hohen Gericht, „und nou hobbi mer an den

Kiosk a Bier kaffd.“ Ob es auch zwei Bier gewesen sein können. „Ja“, sagte der Karlheinz, „es kenner sugoor fimbf gween sei.“

Nach dieser Stärkung setzte de Angeklagte seinen Weg erleichtert fort. Bis er am Schlachthof merkte, daß er die fünf Bund Dachlatten in Schweinau am Kiosk liegengelassen hat. Er ist wieder zurück, hat sich das Holz auf die Schultern geladen, vorsichtshalber noch ein Bier zu sich genommen und ist weitergegangen. „In Giwidznhuuf“, erinnerte er sich dunkel, „hobbi widder Dorschd gräichd.“

Es war aber dort weit und breit kein Kiosk, und so hat der Karlheinz ein Wirtshaus betreten. Vielmehr, betreten wollen. Er ist mit den Dachlatten auf der Schulter an der Wirtshaustür angestoßen und deshalb mit der Hand nicht an den Türgriff hingekommen. Er hat am Fenster klopfen wollen, daß man ihm eine Halbe Bier herausreicht. „Mei Frau“, sagte der Wirt, „hodd an Schogg gräichd. Däi is am Fensder dorddn g'hoggd, nou douder des einen Drimmer Schlooch, die Scheim sin zerschblidderd, a boor Balkn schäim si zon Fensder rei, und meiner Frau genau am Kubf. Und aff aamol schaud anner durch die kabudde Fensderscheim rei und frouchd, obber a Seidla Bier hoom konn.“

In dem Augenblick, wo der Wirt hinausrannte, taumelte an ihm durch die offene Tür ein Herr mit sechs Meter langen Dachlatten auf der Schulter durch die offene Tür, durchstieß damit wie mit einem Rammbock das Fenster der Gassenschänke und traf beim Zurückstoßen den Wirt am Kinn. Der Karlheinz konnte nicht mehr vor und nicht mehr zurück. Deshalb ließ er die fünf Bund Dachlatten von der Schulter gleiten, die dem Gastwirt dann mit Wucht auf die Füße krachten.

Wegen Körperverletzung und Sachbeschädigung wurde der Dachlattenspediteur zu einer Geldstrafe von 900 Mark verurteilt. Wie die Latten dann doch noch zu ihrem Bestimmungsort in Zabo gekommen sind, wollte der Richter noch wissen. „Iich hobs“, sagte der Karlheinz, „am andern Dooch zammgsächd, in mein Fahrradanhänger nei und in den Baumarkt widder zrigg geem wolln. Obber däi homs nemmer gnummer und nou hobbis derhamm eigschiird.“

Der Bubblmoo

Es handelt sich um einen wohltuenden Befreiungsakt und eine Körperpflege gleichzeitig und wird von den meisten beim Autofahren durchgeführt. Aber immer noch lastet auf dem Nasenbohren eine schwere gesellschaftliche Tabuisierung. Wer in der Öffentlichkeit oder während eines Konzerts der Nürnberger Symphoniker in der Meistersingerhalle mit dem Zeigefinger den Inhalt seiner Nase sortiert, wird geächtet und als menschliches Schwein abqualifiziert.
Das hat jetzt auch ein gewisser Herr Paul erfahren müssen. Er ist Träger eines Mohair-Anzuges, Inhaber der goldenen Euro-Card, verdienter Vermögensberater, Mitglied der Industrie- und Handelskammer, also insgesamt ein sehr vornehmer Mensch. Nur von der Leidenschaft des Nasenbohrens wird er häufig mitten am hellichten Tag befallen. Er hat diesen menschlichen Urtrieb nicht im Griff. Er ist durch eine Tracht Prügel zum Märtyrer seiner Passion geworden. Vor dem Amtsgericht hat sich als Täter und entschiedener Gegner des öffentlichen Nasenbohrens der Helmut verantworten müssen. „Iich sidz middooch im Werzhaus", berichtet der Helmut in der Verhandlung, „und nou kummd der Moo rei und frouchd mi ob ba mir nu a Bladz frei is. Iiberool sin nu Blädz frei gween, obber der hoggd si ausgrechnd zu mir hii. Middern leichdn Lagg im Gsichd. Und in den Momend, wou iich meine Fleischkichla gräich, fängd der middn Noosbuhrn oo!"
Im Gegensatz zu manchen ausgesprochen scheuen Nasen-

bohrern, die verstohlen hinterm Taschentuch oder unterm Tisch arbeiten, begleitete der leicht angetrunkene Paul seine tiefschürfende Tätigkeit auch noch mit interessanten Kommentaren. „Des dou", erklärte er seinem entsetzten Nachbarn nach einem kurzen Griff in den Bohrturm, „des dou is zon Beischbill ein Schbringbubbl. Der hubfd braggdisch vo allaans raus, wennsd aweng hiikummsd."
Den nächsten Fund zwirbelte der vollkommen ruhige Tischnachbar zwischen Daumen und Zeigefinger, katapulierte ihn nur wenige Zentimeter über den Helmut hinweg in die Tiefe des Gastraumes und begleitete den Abschuß des Geschoßes mit den Worten: „Des is edzer a Schnalzbubbl gween."
Den Helmut würgte es beim Essen ein bißchen im Hals, und er bat seinen Tischnachbarn, mit dem Formen und Herumschießen seines Naseninhalts aufzuhören. Er war mit seiner Ermahnung noch nicht richtig fertig, da förderte der Paul schon wieder ein bizarres Gebilde aus seinem Inneren, das er nach genauerer Inspektion eindeutig als „Droggnbubbl" identifizierte. Auch dieser ließ sich infolge seiner natürlichen Festigkeit sehr gut durch den Raum schnalzen.
Dann erreichte die Demonstration menschlicher Ausscheidungen ihren Höhepunkt. „Des is a Ziechbubbl", erklärte der Paul seinem bleich gewordenen Gegenüber, „der zäichd si wäi a Kaugummi." Daraufhin sprang der Helmut auf und verabreichte dem wissenschaftlichen Nasenbohrer blitzschnell fünf bis sechs Schelln. Dazu schrie er: „Und wennsd wissn willsd, wos des gween is – des woorn Brobbeller-Fodzn, wousdi dreed wäi a Windräädla!"
Bei der Abwägung der Verhältnismäßigkeit der Mittel konnte der Richter die propellerartigen Schelln nicht mehr als Notwehr gelten lassen, und der Helmut wurde zu einer Geldstrafe von fast tausend Mark verurteilt.
Beim Abmarsch aus dem Sitzungssaal sang der Paul leise, aber für den Helmut noch gut hörbar das berühmte Kampflied der Nasenbohrer: „Iich bin der Bubblmoo und hull mein Bubbl roo. Nou gäih i rum ums Egg und schmeiß mein Bubbl weg. Nou kummd die Hausfrau raus, rudschd aff mein Bubbl aus. Des gäid mi goornix oo, iich bin der Bubblmoo."

Unterbodenschutz im Massagesalon

Eines der höchsten irdischen Güter ist die Zufriedenheit über ein speckig glänzendes, mehrfach poliertes, frischgewaschenes Auto. Hingegen entsteht über einen frischgewaschenen Menschen nicht in allen Fällen eine solche Zufriedenheit, wie man aus einem Fall von Reinlichkeitswahn in der Südstadt ersehen kann. Dieser Fall ist jetzt vor dem Amtsgericht verhandelt worden, wo sich der Harry und der Rudi wegen der Vor-, Haupt- und Nachwäsche ihres Kollegen Robert verantworten haben müssen.

Noch vor der Schilderung des eigentlichen Verbrechens ist der Harry unter Androhung einer Ordnungsstrafe zu einer vornehmeren Ausdrucksweise ermahnt worden wegen der Äußerung: „Wissen'S, Herr Richter, der Robert is suwos von anner Wildzau, dassders manchmol ball nemmer aushäldsd. Dou konni doch glei als Scheißhaus-Indschinör in der Abbordschissl ärwern."

Normal arbeiten der Rudi, der Harry und der Robert aber in einer Tankstelle mit angeschlossener Kraftfahrzeugwerkstatt und einer Autowaschanlage. Der Robert hält vom Waschen, wie sein Kollege schon verzweifelt geschildert hat, wenig und verbreitet hin und wieder einen Duft um sich, wie wenn er seine Kosmetikartikel aus dem Raubtierhaus des Nürnberger Tiergartens beziehen würde.

An einem Montag Früh in der Vesperpause war aus dem Robert wieder ein eindringlicher Geruch entströmt, und gemäß einer Absprache haben der Harry und der Rudi den Miefmacher unter den Arm genommen, ihn mit ein paar Meter Klebestreifen sorgfältig gefesselt und in die Autowaschanlage gelegt. „Des mäinsersi amol vuurschdelln, Herr Richter", jammerte der Robert als Zeuge, „es deiersde Brogramm homs driggd – um sechzehn Mark fuchzich die Subber-Reinichung mid Flüssichwachs und Dobblbollidur!" Während die zwei Kollegen in Ruhe ihre Brotzeit zu sich nahmen, wurde der Robert erst aus Hunderten von Hochdruckdüsen mit Kaltwasser vorgeweicht, nachgeweicht, dann mit Druckluft getrocknet, mit Wachs besprüht und zweimal poliert. Fast zehn Minuten dauerten die verschiedenen Waschgänge. Ob es sehr unangenehm gewesen sei, wollte der Herr Amtsgerichtsrat vom Robert wissen. „Unangenehm", sagte der Zeuge, „No, Sie gfallmer vielleichd! Unangenehm is ibberhabbs ka Ausdrugg. Loun Sie sich amol zeha Minuddn lang mid drei Drimmer Blasdigg-Bürschdn durchbeidschn. Iich hob gmaand, iich bin innern Massaasche-Salong für Elefandn und Rinozerros!" Mit schmerzverzerrtem Gesicht fuhr er dann fort: „Und am schlimmsdn is der Underboodnschudz gween. Des Zeich häld nemli drei Monad lang. Iich maan haid nu, iich hob a Hornhaud am Oorsch." Für diese Äußerung wurde auch der Robert um Mäßigung seiner Ausdrucksweise gebeten.

Wegen der Autowäsche eines Menschen verurteilte das hohe Gericht den Rudi und den Harry zu einer Geldstrafe von je 1600 Mark. Nach der Verhandlung schauten die zwei Angeklagten ihren Ex-Kollegen lang von oben bis unten an, und dann machte der Harry einen erneuten kosmetischen Verbesserungsvorschlag: „Gäisd gschwind miid? Deine Haar braucherdn dringend an Ölwechsl."

Aus der Welt der Wissenschaft:

Wer bin ich?

Ob es mit der Mitleid-Crisis zusammenhängt, ist noch nicht eruiert. Aber, daß sich immer mehr Menschen immer weniger merken können, ist gesichert. Wir kennen dieses Phänomen aus vielen Begegnungen. Zum Beispiel stellt sich ein anscheinend vollkommen fremder Herr vor uns hin, Freude durchzieht sein Gesicht, wie wenn es sich bei uns um einen vor 40 Jahren aus Versehen verlorenen Sohn handelt, und dieses Phantom sagt: „Ja, daß mer dich Doldi aa amol widder sichd!!!"
Wir krümmen uns indessen wie ein Fragezeichen, hinter der Großhirnrinde arbeitet es verzweifelt, ein Magengeschwür kündet seine Entstehung an, und unser quälendes Forschen mündet in die eine stumme Frage „Wer ist dieser Herr Dings, der Dings, der ..." Beim dritten Dings bereits schüttelt uns der Dings die Hand, daß wir vibrieren, als wären wir an einen Betonrüttler angeschlossen.
Aber auch dieses Rütteln trägt nicht dazu bei, daß dieser geheimnisvolle Passant mit vollem Namen, Adresse und anderen sachdienlichen Hinweisen wieder in unser Langzeitgedächtnis eintritt. Kalter Schweiß dringt schon aus den Poren, wir gehen im Geist das Telefonbuch durch.
Das unbekannte Wesen teilt uns bereits Einzelheiten aus gemeinsam verbrachten Kameradschaftsabenden mit, wo wir nachts zusammen erst drei Runden durch den Stadtparkweiher geschwommen sind, anschließend durch das Einschlagen des Feuermelders einen Löschzug, Sanitäter, das Technische Hilfswerk und die Polizei alarmiert haben und auf die berechtigte Frage des Einsatzleiters nach dem Brandherd geantwortet haben sollen, daß es sich durch den Genuß von fünf Liter sardischen Landwein in uns um ein starkes Sodbrennen handelt.
Wir erinnern uns aber an nichts, unser Kamerad ist immer

noch in das Dunkel des Langzeitgedächtnisses gehüllt. Beim Abschied muß man einen Namen murmeln wie „Also dann servus Orchbredzgaski!" Es muß so klingen, daß unser alter Freund, der uns leider entfallen ist, unter Umständen irgendwie seinen Namen draus erkennen kann.

Das Schlimmste an so einer Begegnung kommt aber erst danach. Ein Vierteljahr lang martern wir unser siebartiges Gedächtnis mit der Frage nach dem Kamerad mit den fünf Litern sardischen Landwein. Dann schwindet diese Begegnung unter abklingenden Kopfschmerzen aus unserer Erinnerung. Bis wir vielleicht ein Jahr später senkrecht im Bett hochspringen. Ein Juchzer, ein erlösender Aufschrei. Es ist uns wieder eingefallen, daß es sich bei dem sardischen Landweintrinker ganz klar um den Prottengeiers Hans aus Schoppershof handelt.

Es nützt aber nichts, daß es uns eingefallen ist. Denn leider befindet er sich gerade jetzt nachts nicht neben uns im Bett, daß wir ihm die frohe Botschaft der Erinnerung mitteilen können. Die Dame neben uns interessiert sich unter Umständen weder für das Wiederinkrafttreten unseres Langzeitgedächtnisses, noch für den Herrn aus Schoppershof. Die Dame interessiert sich vielleicht für etwas, was auch nicht mehr richtig funktioniert.

Es gibt auch Fälle, wo sich zwei Menschen begegnen und sich beide nur dunkel aneinander erinnern. Daraus ergeben sich die abtastenden Dialoge, wo auch die direkte Anrede vermieden wird. Weil man nicht mehr weiß, ob man sich duzt, siezt oder überhaupt nicht kennt. „No, simmer aa aweng underwegs!?" beginnt die Streu-Konservation. Darauf der andere: „Ja, ja. Und selber?" Der erste: „Ja, ja." Der andere: „Und, alles gloor?" Der erste wieder: „Dellerfoniern mer si hald amol zamm!?"

Manche Inhaber von Gedächtnislücken entschließen sich mutig zur Offenheit und gestehen ihrem Gesprächspartner, daß sie sich momentan nicht erinnern können und man soll ihnen geschwind draufhelfen. Man erzielt dadurch häufig Panik: „Wos soll i? Soong, wer ich bin! No, iich bin der Dings. Also, der Dings. Iich bin der . . . ja, wer binnern edzer iich gleich widder . . .?"

Aus der Welt des Nahverkehrs:

Das Problem der Teilstreckenkurzzone

Bekanntlich ist bei den öffentlichen Nahverkehrsmitteln im Bereich der Fahrkartenausgabe der Mensch abgeschafft und durch Automaten ersetzt worden. Den Worten eines öffentlichen Nahverkehrsmittelsprechers zufolge soll man sich diesen Fahrkartenautomaten ohne jede Scheu nähern. Auch wenn man zufällig keine Teilstreckenkurzzoneneinzelkarte braucht, ist der Aufenthalt vor einem städtischen Fahrkartenautomat aber immer sehr unterhaltsam. Man beobachtet dabei sehr interessante Diskussionsrunden. Eine Dame fragt vor sich hin: „Nach Eibach, wos moußin edzer dou fiir a Gnebfla driggn?“ Ein Herr antwortet vollkommen souverän: „Schdell di doch nedd suu oo Mudder, dou driggd mer aff Kurzschdregge.“ „Suu a saudumms Gschmarri“, meldet sich aus der wartenden Menge ein zweiter gut informierter Greis, „nach Eibach Kurzschdregge! Dassi fei nedd an Lachgrambf gräich! Dou driggd mer erschd aff Breisschdufe drei, nou aff Einzlfahrkardde und F 10 nerdirli.“ Daraufhin erwidert der erste Herr, daß solche saudummen Erklärungen nur ein öffentlicher Nahverkehrsvolldepp abgeben kann. Selbstverständlich muß man F 2 drücken und wie schon richtig erwähnt Kurzstrecke. Die Diskussion um F 10 und F 2 verselbständigt sich in Form von windmühlenartigen Gesten, die in eine Körperverletzung münden.

Danach nähert sich ein Nürnberger Dobb-Manager, dem man scheint's die Fahrerlaubnis für seinen Bentley gezwickt hat, dem Automaten. Dieser Wirtschaftsjunior hat einen

allwissenden Gesichtsausdruck, als ob er sein Leben lang nichts anderes gemacht hätte, als Fahrkarten aus einem Automat zu ziehen. Er pfeift, hält mit der einen Hand sein titanbeschlagenes Kroko-Köfferchen, wirft mit der anderen Hand Geld ein, schaut wie zufällig auf ein Schild und liest: „Familientageskarte, 2 Erwachsene, Kinder bis 17 Jahre, Hund, 1 Tag, Samstag, Sonntag." Das Pfeifen erstirbt jäh, der Herr nimmt sein Kroko-Köfferchen zwischen die Beine und fährt mit dem linken Zeigefinger entlang der Preisstufe K, während der rechte Zeigefinger auf K 5 weilt. Der allwissende Fahrkartenerlöser will ein Koordinatensystem bilden, das unweigerlich zur Lösung des Problems führen muß. Nach längerem Verschieben seiner Zeigefinger fragt ihn die Dame: „Mäin Sie aa nach Eibach, gwiss?" Der Manager betätigt den Rückgabeknopf, durch den sein eingeworfenes Geld nicht mehr zurückkommt, und geht. Von dem Automat verabschiedet er sich mit den Worten: „Bläide Sau, bläide."
Bei den beiden Herren, die sich über F 10 und F 2 unterhalten, überprüft inzwischen ein Polizeibeamter die Personalien. „Weecher anner Deilschdregge", gibt der eine Herr zu bedenken, „haud mer jemand doch nedd eimbfach anne am Baggn naaf!" Der andere Herr wirft ein: „Dou sichd mer, wos des fiir ein Doldi is. Die Schelln hosd nedd weecher anner Deilschdregge gräichd, sondern weecher anner Kurzschdregge." Die Dame wendet sich derweil an den Polizist: „Herr Schaffner, Herr Schaffner, bidde an Foohrschein aamol Eibach!!" Dabei will sie in sein Sprechfunkgerät ein Fünf-Mark-Stück einwerfen.
Anschließend halten drei Japaner direkt vor dem Fahrkartenautomat eine Aufsichtsratsitzung. Zwei von ihnen fotografieren während der Debatte die Aufschrift „Lösen Sie entsprechend Ihrem Fahrausweis zusätzlich eine Einzelfahrkarte oder eine Streifenkarte." Nach einer Viertelstunde sagt ein Japaner: „Feng long zingisako sayonara Kulzstlecke." Worauf sich die Dame an die drei wendet: „Foohrn Sie gwiss aa nach Eibach!?" Sie kriegt keine Antwort und hakt deshalb noch einmal auf japanisch nach: „Herr Mister, du Eibach? Weil ich nix auskennen Kurzstrecke, gell!" Automaten erleichtern unser Leben.

Auch
eine "SPEZI"alität
die ihre Liebhaber
gefunden hat:
"Sauberkeit
und Hygiene
sind unser Handwerk -
umweltbewußt und
meisterhaft!"
in
Bamberg
Deggendorf
Dresden
Donauwörth
Jena • Selb
Würzburg
und
DÖRFNER
GEBÄUDEREINIGUNG
Willstätterstr. 71
8500 Nürnberg 60
Tel. 0911/6802-0
Fax 0911/680268

Der Geisterkartler

Bekanntlich birgt das Schafkopfen sehr viele Unwägbarkeiten in sich. Es erscheint oft am Schluß plötzlich ein Schelln Unter, mit dem niemand mehr gerechnet hat, so daß die Rot Sau unter lautem Wehklagen des Besitzers auf den Derbel gehaut wird. Um nur eines von tausend Beispielen zu nennen, daß man im Schafkopf nie vor Überraschungen gefeit ist. Ein gewisser Herr Walter aus der östlichen Vorstadt hat diese Überraschungen abgestellt. Er hat ein Gedächtnis wie ein Elefant und kann sich jede gespielte Karte merken. Wenn man ihn fragt, mit was am 4. Oktober 1974 im dritten Spiel die Blaue gestochen worden ist, dann antwortet er ohne nachzudenken: „Middn Roud Zehner. Und der Gerch hodd an Nervnzusammenbruch gräichd."
Dem Walter sein Perfektionismus hat sich allerdings nicht ausgezahlt. Wenn er in einem Kartelwirtshaus aufgetaucht ist, sind wie von Geisterhand plötzlich die Karten vom Tisch verschwunden, und es ist vom Wetter oder von der Außenpolitik des Kanzlers gesprochen und anschließend laut gelacht worden. Wegen hoher finanzieller Verluste hat keiner mehr mit dem Schafkopf-Wissenschaftler spielen wollen.
So sitzt er schon seit längerer Zeit mindestens fünfmal in der Woche in seinem Wirtshaus, läßt sich die Karten bringen, vier Geldschüsselchen, mischt, hebt ab und sagt erwartungsfroh: „Also, gemmers an, meine Herrn!" Es sitzen aber außer ihm

keine weiteren Herrn am Tisch. Der Walter spielt gegen sich allein. Im Lauf der Jahre haben die drei imaginären Mitkartler Namen erhalten und bestimmte Charakterzüge angenommen. Manchmal hört man den Walter brüllen: „Gerch, wennsd du edzer nu aamol bscheißd, nou hauer di aff die Lichder, dassder es Gsichd nach hindn dreed! Nou konnsd zum Fensder nausschauer, ohne dassdi umdreha mousd!" Selbstverständlich gibt es weit und breit keinen Gerch.

Der in diesem Wirtshaus erstmalig verkehrende Max hat von der Existenz eines Geisterkartlers nichts gewußt. Er ist an einem Freitagmittag zum Verzehr eines Karpfen dort gesessen, wie es neben ihm auf einmal gedröhnt hat: „Hobbis Eich Debbn widder amol zeichd. A Roud Solo mid vier Drimbf – des kommer aa blous geecher solche Diblom-Rimbfiecher wäi Eich gwinner! Dou gräichi bro Mann achzg Bfenning, wenns reechd is." Der Max spähte über seinen Karpfen zutiefst erschrocken nach den weiteren drei Kartlern, die achtzig Pfennig zahlen sollen, und erblickte niemand außer dem Walter, der schon wieder die Karteln austeilte.

Nach einer Schieberrunde und einem erneuten Rot-Solo ergriff den Max das Mitleid über den offensichtlich leicht verstörten Nachbar, und er bot sich mit den Worten an: „Hosd Lusd, schbill mehr aweng Sechsersechzg?" Darauf entgegnete der Walter, der gerade mischte: „Iich glaab, Sie hom an leichdn Schuß. Sie seeng doch, daß mir schafkobfn. Hald dei Maul und freß dein Karbfn!" Auf diese fränkische Variante des Guten-Appetit-Wünschens antwortete der Max: „Wenn dou jemand an Schuß hodd, nou bisders du. Iich hob in mein Leem nu kann gseeng, der wou allans zu värdd kardd1d. Für miich g'herrsd du in Bau Aanerzwanzg, obber nedd inner Werzhaus!"

Daraufhin kam es seitens des Walter zu jener handgranatenähnlichen Schelln, die jetzt vom Amtsgericht mit einer Geldstrafe von 1400 Mark geahndet wurde. „Der konn frouh sei", sagte der Walter nach der Verhandlung, „dasser nerblous a aanziche Schelln gräichd hodd. Wenn die andern drei aa nu hiig'ghaud häddn, nou licherder edzer nu im Schdreggverband. Obber des hobbi godzeidank nu verhindern kenner." So kann der Perfektionismus beim Kartenspielen enden.

Die Gurkenmusik von Harrer

Der Herr Ludwig ist in der Südstadt auch unter seinem Künstlernamen Lungen-Luggi bekannt, weil er in seiner Eigenschaft als Mundharmonika-Virtuose dank einer unheimlichen Kraft in den Lungenflügeln einen Ton zur Überraschung der Zuhörer bis zu fünf Minuten halten kann. Das Repertoire des meist im Freien schaffenden Künstlers besteht aus diesem Ton sowie dem Lied „Der Mond ist aufgegangen" in einer etwas eigenwilligen Interpretation, so daß es der ebenfalls in der Südstadt beheimatete Mistelzweighändler Richard irrtümlich für die deutsche Nationalhymne gehalten hat.

Wenn der Lungen-Luggi sich für seine Gage einen Südtiroler Bauerntrunk gekauft hat, den Doppelliter zu 3,85 Mark, dann klingt das Lied vom weißen Nebel wunderbar, der aus den Wiesen steiget, noch eigenwilliger, und es hat deswegen jetzt ein körperlicher Angriff auf den Ludwig strafrechtlich behandelt werden müssen.

Er ist keine zwei Meter weg vom Stand des Mistelzweighändlers Richard gestanden und hat auf seiner winzig kleinen Mundharmonika ungefähr zum zwanzigsten Mal den aufgegangenen Mond und die zusätzlich prangenden Sternlein besungen, am Himmel hell und klar, obwohl an diesem Himmel mittag um halb eins strahlender Sonnenschein

geherrscht hat. „Wennsd edser nedd serfordd mid deiner Gurgnmusigg vom Harrer aafheersd", schrie der Richard, „nou haui der anne aff die Lichder, dassd wergli a boor Schdernla hell und klar brangen siggsd!"
Worauf der Ludwig ohne mit der Wimper zu zucken das zweite Opus aus seinem Repertoir zum Besten gab, nämlich das fünf Minuten lang gehaltene, ziemlich hohe C. Danach nahm er einen kräftigen Schluck Tiroler Bauerntrunk und spielte „Der Mond ist aufgegangen".
Nach der siebten Strophe sagte der Luggi zu seinem gehörmäßig und nervlich schwer angeschlagenen Nachbar: „Horch amol, du Noudniggl, edzer horgsd mer scho ball a halbe Schdund ba mein Konzerd kosdnlos zou. Kennsd mer amol a Märgla in mein Houd neischmeißn." „Iich scheiß der hexdns wos in dein Houd nei", brüllte der Richard zurück, „ungefähr für zwanzg Marg. Nou kennsders driimer in der Hübbo-Bank am Dewiesn-Schalder umdauschn loun!!" Nach ein paar Sekunden erstaunter Stille ertönte das Lied „Der Mond ist aufgegangen" von Matthias Claudius. Aber nur die ersten Takte; der Richard schmierte dem Ludwig eine, daß das Lied an der Textstelle „Der Wald steht schwarz und schweiget" abrupt abriß.
Wegen einer ganz normalen Ohrfeige hätte der Luggi den Musikbanausen, wie er jetzt vor Gericht ausführlich erläuterte, keinesfalls angezeigt. „Es woor obber vill schlimmer", sagte er, „wall däi Waadschn is genau aff die Goschn ganger, iich hob grood oozuung g'habd, und nou hobbi mei Mundharmonika verschluggd, Herr Richder! Iich hob zwaa Dooch nedd schbilln kenner. Suu lang hodds dauerd, bis widder zom Vorschein kummer is. Und däi Schmerzzn, des kennersersi goornedd vuurschdelln. Bringer Sie amol a Mundharmonika aff die Weld. Iich hob scho gmaand, mir mäin an Kaiserschnidd machn."
Nach einer Unterredung mit dem Verteidiger vom Richard zog der Ludwig seine Anzeige aber wieder zurück. Das Verfahren wurde eingestellt. „Simmer frouh alle zwaa", sagte der Luggi zum Richard, „dassi blouß Mundharmonika schbill. Wall, schdellder amol vuur, iich hädd a Glawier verschluggd ..."

Kinderwagen mit Alarmanlage

Normalerweise wird der Senf für den geschmeidigeren Verzehr von Stadtwurst, Bratwurst und Preßsack verwendet. Als Gesichtscreme oder Haarwuchsmittel ist er bisher weniger in Erscheinung getreten. Der Tierpfleger Hans R. hat sich jetzt wegen verschiedener Unflätigkeiten, wegen Körperverletzung, aber auch wegen Senfmißbrauch vor dem hohen Gericht verantworten müssen.

Leidtragender des Verstoßes gegen das fränkische Senfgesetz war ein junger Herr Uwe, der es trotz seines verhältnismäßig hohen Alters von fünf Jahren immer noch bevorzugt, mit der Schubkraft seiner Mutter im Kinderwagen durch die Stadt zu fahren. Die Mutter hört auf den nach Urlaub klingenden Namen Ramona, stammt aber aus der Gegend hinterm Schockn und hat vor dem Alter keine Ehrfurcht.

„Horch amol, du Hamml, du gscheerder“, sagte sie schlicht, aber gut verständlich zu dem fast schon pensionierten Tierpfleger in der Warteschlange am Bratwurststand, „wennsd nedd glei schausd, dassdi hindn ooschdellsd, nou gräigst anne aff die Lichder, dassdi schbeisd!“ Dabei schob sie den Kinderwagen mit ihrem gleichmäßig brüllenden Uwe an die Theke und bestellte zweimal Zwei im Weckla.

Der Hans war aber von den Befehlen der jungen Mutter nicht sehr eingeschüchtert. „Iich hob scho vill gseeng“, sagte er im Hinblick auf den schreienden Sohn der Ramona, „obber an Kinderwoong mid Alarmanlooch nunni.“ Daraufhin schob er die Ramona mit dem Ellbogen auf die Seite und sagte zu dem Bratwurstverkäufer: „Geem'S mer zwaa Broudwerschd. Es Weggla kenner'S dera Sulln dou in die Goschn schdobfn. Andersch kommer dera ihrn Verschdärger woohrscheins nedd abschaldn.“

Daraufhin trat er der Ramona mit seinen Winterstiefeln auf die Füße und zog ihr die blonde Perücke halb vom Kopf ins Gesicht, daß sie für einige Sekunden nichts mehr sah. Anschließend drückte der Hans auf den halbautomatisch funktionierenden Senfspender, der auf der Theke genau über dem Kinderwagen lauerte. Als die junge Mutter ihre Perücke wieder zurückgeschoben hatte, traute sie ihren Augen nicht. „Herr Richder“, sagte sie jetzt in der Verhandlung, „fiir miich g'herrd der Moo ins Irrnhaus. Der hodd doch an Schbrung in der Schissl! Driggd der aff den Gnobf draff, und mein Glann leffd der ganze Sembfd affn Kubf, in die Hoorer, ins Gsichd und aff sein neier Bulloober! Der maand gwiss, mei Uwe is a Broudworschdweggla!“

So sehr der kleine Uwe auch unter der Senfbombardierung litt – auf die Befreiung von der Gesichtsmaske mußte er noch länger warten. „Heer aaf zon greiner“, sagte die Ramona zu ihrem Sohn, „der Semfd bleibd suu lang am Kubf, bis die Bollizei kummd!“

Wegen Beleidigung und Körperverletzung in zwei Fällen wurde der bereits vorbestrafte Hans zu vier Monaten auf Bewährung und einer Geldbuße von 800 Mark verurteilt. „Kumm, gemmer“, sagte die Ramona unmittelbar nach der Verhandlung zu ihrem am Gang wartenden Sohn, „der Onkl schaud asuu, wäi wenner glanne Kinder frissd. Aa ohne Sembfd.“

Der gewalzte Rentner

Der Georg nimmt sehr gern an sogenannten Kaffeefahrten mit dem Omnibus teil, wo man für zwölf Mark eine Reise in den Bayerischen Wald bucht, einen Schweinebraten mit Kloß, einen Nachmittagskaffee, ein wertvolles Geschenk in Gestalt einer Pappdeckeluhr und gegen einen kleinen Aufpreis von höchstens dreihundert Mark vielleicht noch eine Rheumadecke. Der seit fünf Jahren verwitwete Georg hat von so einer Reise ins schöne Naabtal mit der Kassettenmusik des gleichnamigen Duos auch schon ein Speiseservice für vierundzwanzig Personen mitgebracht und sucht seither vergeblich nach den noch fehlenden dreiundzwanzig Personen, daß er die volle Kapazität der Goldrandteller aus echt Meißener Plastik auch einmal ausnützen kann.

Daß der Georg neuerdings Kaffeefahrten meidet, liegt aber nicht an den sinnvollen Einkaufsmöglichkeiten, sondern an einer Dame namens Lisbeth. Bei der Abfahrt ist diese Lisbeth vor dem in der ersten Reihe am Fensterplatz sitzenden Georg gestanden und hat gesagt: „Hom Sie kanne Aung im Kubf?!"

Der Georg antwortete: „Iich scho. Drum hoggi dou am Fensder, dassi mid meine Aung im Kubf aweng zon Fensder nausschauer konn.“ „Und middn Oorsch“, wurde die Lisbeth ein bißchen deutlicher, „hoggsd aff mein Houd. Wall des is nemli mei Bladz!“

Tatsächlich zog daraufhin der Georg etwas flach Gepreßtes unter sich hervor, was eventuell einmal der Lisbeth ihr Hut gewesen sein hätte können.

Der Omnibus näherte sich bereits der Autobahnauffahrt, als die Lisbeth zum letzten Mal befahl, daß der Herr Georg sofort den Fensterplatz in der ersten Reihe räumen soll. Einen Beschwichtigungsversuch des Herrn Reiseleiter beantwortete die Dame höflich, aber bestimmt mit den Worten: „Des gäid diich an Scheißdreeg oo.“ Und als der Georg ungefähr in Greding auf die Frage „Hausd du edzer dou ab odder nedd?“ erneut trotzig den Kopf schüttelte, nahm die Lisbeth mit ihren knapp zwei Zentnern auf ihm Platz. „Und nocherdla“, sagte der Georg jetzt bei der Verhandlung am Amtsgericht, „is däi aff mir ummernander g'hubfd, naaf und noo, dassi gmaand hob, iich bin inner Hammerwerk neikummer.“

Dadurch, daß die Kaffeefahrt bis an den Kochelsee und wieder zurück ging, waren die Überlebensaussichten des hartnäckigen Fensterplatzinhabers gering. Immer wieder flehte der Reiseleiter: „Frau, genger'S hald vo den Moo roo“, aber die Lisbeth lehnte sich wohlig auf den Georg wie in einen Fernsehsessel und genoß die Fahrt. „Korzz hinder Münchn“, erinnerte sich der Georg, „hobbi nu g'heerd, wäis gsachd hodd ‚Wemmer aweng häicher sidzd, sichd mer fei vill mehr‘ und nou binni bewußdlos worn.“

Erst durch den Einsatz einer Polizeistreife konnte die Lisbeth von ihrem Untermann entfernt werden. Wegen Busfriedensbruch und der Kaltpressung eines 71jährigen Witwers wurde die Lisbeth zu einer Geldstrafe von ungefähr 900 Mark verurteilt. „A jeder andere“, maulte die Lisbeth, „hädd si gfreid, wenn si a Frau drei Schdund lang aff sein Schooß hoggd.“ „Ba anner Frau scho“, sagte der Georg, „obber drei Schdund lang a Dambfwalzn am Schooß – iich wass nedd ...“

Aus der Welt der feinen Leute:

Kohl von Dampf

Nachdem es in der örtlichen Gastronomie eine schöne Zeit lang möglich war, Schweinebraten mit Gum. Kloß und Gem. Salat um 8,80 Mark unter gleichmäßigem Einrühren von fünf bis zwölf Bier in den Hals zu schaufeln, scheint jetzt ein Ende der bodenständigen Abkochkunst oder auch Erdgastronomie in Sicht zu sein. Der Franke an sich befleißigt sich neuerdings wieder feinerer Tischsitten. Wir können es verschiedenen Essensführern entnehmen, die um unser leibliches Wohl sehr besorgt sind.

Anhand ihrer hohl- und wohlklingenden, vollkommen unbestechlichen Beschreibungen finden wir selbst in unserer gaumenmäßig brachliegenden Bratwurstprärie einige maisons mit einem ambiente und einer carde, daß es uns infolge einer jähen Verwunderung das Maul aufreißt, wie wenn wir nicht ein Brie-Päckchen in papierzarter Teighülle zu uns nehmen möchten, sondern einen dreistöckigen Doppel-Wobber auf Kedschubb.

Überhaupt ist die Ausdrucksweise des jeweiligen patron oder auch maitre auf der Speisekarte derart poetisch, einfühlsam und irgendwie doch außerordentlich verblödet, daß wir die Meister des geschliffenen Wortes wie Rainer Maria Rilke, Karl-Heinrich Waggerl oder Fritz von Thurn und Taxis getrost vergessen können.

Wir lesen in so einer handgeschriebenen Empfehlung etwa, daß unter anderem ein gewisser Salat von Sauerampfer in Balsamessig untertänigst zur Disposition steht. Wer jetzt vielleicht meint, es handelt sich dabei um einen Herrn von Sauerampfer mit dem möglicherweise arabischen Vornamen S'alat, ähnlich wie ein Hermann von Tucher, der irrt. Es ist im Gegensatz zu Hermann von Tucher lediglich ein Sauerampfersalat. Wir kennen weiters den Salat von Kopf, den Salat von Feld, den Jung von Gans, den Spieß fon Due oder den Nudel von Dampf.

Sehr beliebt und vor allem der Wahrheitsfindung außerordentlich dienlich ist auf diesen fein ziselierten Speisekarten auch die Verwendung des Deminuitivs oder der Verkleinerungsform, wie wir zum Beispiel einem Kalbsbriessülzchen in Estragonvinaigrette oder einem getrüffelten Perlhuhnbrüstchen auf Zuckerhutschäumchen entnehmen können. Mehr können wir diesem Perlhuhnbrüstchen oder dem Kalbsbriessülzchen eben wegen ihrer Verkleinerungsform allerdings nicht entnehmen.

Nach mehreren erfolglosen Versuchen, das Sülzchen oder das Brüstchen ähnlich wie einen Fliegendreck mit dem befeuchteten Zeigefinger in die Höhe zu heben, geben wir auch das Blattgoldpinzettchen wieder zurück und wenden uns dem geeisten Gurkencremesüppchen auf Scampi zu. Wir erinnern uns dabei vielleicht, daß man sich früher an Suppen leicht die Goschn verbrennen hat können, was bei den geeisten Süppchen selbstverständlich nicht mehr passiert.

Mit Frostbeulen auf den Lippen erwarten wir nach dem genüßlichen Zusammenkratzen des Hauptgängchens in Form von Wildhasenterrine an Salbeirahm die in einem kleinen güldenen, mit Samt ausgelegten Mahagonischreinchen kredenzte Rechnung, die unter der Bezeichnung Infinitesimalrechnung auch in die höhere Mathematik eingegangen ist.

Mit Scheck von Euro oder Geld auf Pump begleichen wir den Betrag, bei dem dann allerdings die sonst so beliebte Verkleinerungsform keineswegs angebracht ist, und gehen mit einem Helmut Kohl von Dampf von dannen.

Aus der Welt der Umleitungen:

Laufzwang am Rathaus

Seit zwei Tagen ist die auch auf fast allen anderen Gebieten richtungweisende Weltstadt Nürnberg neben den betenden Händen von Albrecht Dürer und der geräucherten Stadtwurst von Hermann Förster um eine weitere Attraktion reicher. Und zwar dreht es sich um die feierliche Eröffnung der Schließung des Rathausplatzes. Bei dem Inkraftlaufen dieses neuen Stücks Fußgängerzone am vergangenen Mittwoch haben vierzig Polizisten und viertausend Autofahrer zur psychiatrischen Beobachtung ins Ansbacher Bezirkskrankenhaus eingeliefert werden müssen. Die meisten befinden sich aber schon wieder auf dem noch nicht zur Fußgängerzone erhobenen Weg der Besserung. Lediglich ein Polizeiobermeister rennt in Ansbach noch auf den Gängen rum und schreit dauernd: „Iich ergläärs Ihna edzer zum fimbfdausendsden Mool! Sie mäin widder umkehrn, nou rechds die Winklerschdrass naaf, am Weinmarkd, widder links, die Karlschdrass noo, links die Augusdinerschdrass, und nou kummer'S genau ba mir widder raus und ba dera Geleengheid kenner'S mi nou aweng am Oorsch leggn!!" Der Satz dieses verzweifelten Beamten zeugt davon, daß das Schlimmste im Leben nicht der Tod, sondern eine Umleitung ist.

Zwar sind in unserer Weltmetropole im Wartestand schon verschiedene Fußgängerzonen errichtet worden, aber bei diesen zweihundert Metern Rathausplatz handelt es sich nicht nur um eine Sanierungsmaßnahme für einen besseren und abgasfreieren Schlaf unserer Rathausinsassen, sondern auch um die Sperrung des letzten Stücks Altstadtautobahn. Es werden dadurch vor allem die Ärmsten der Armen mitten ins Schienbein getroffen. Nämlich jene bedauernswerten Menschen, die durch den Sicherheitsgurt Tag und Nacht an ihren Dreihunderter Mercedes gefesselt sind und jetzt beim Wunsch nach einer kargen Mahlzeit mit Leberknödelsuppe, Zwölf mit Meerrettich, Schäufele, Eisbein und danach noch acht Saure sage und schreibe zehn bis zwölf Meter mit den eigenen Füßen ins Bratwursthäusle laufen müssen. Wenn nicht noch weiter.

Gestern sind bereits zwei Autofahrer zu Fuß unter starken Entzugserscheinungen nur wenige Zentimeter vor diesem Gasthaus völlig erschöpft und besinnungslos aufgefunden worden. Einer hat noch mit gebrochenen Augen keuchen können „Freie Fahrt für freie Bürger", dann hat auch er das Bewußtsein verloren. Sie sind dann mit dem Notarztwagen direkt bis zum Tisch ins Wirtshaus gefahren worden. Im Tropfer war Kartoffelsuppe, sie haben überlebt.

Vom Skandal des Laufzwangs einmal abgesehen, muß man aber auf jeden Fall den städtebaulichen Aspekt würdigen, der dort in Gestalt verschiedener kleinarchitektonischer Besonderheiten schon um sich greift. Zu erwähnen sind hier vor allem die wunderbaren Pflanztröge, in denen bereits jetzt Bierflaschen, Cola-Dosen und Zigarettenschachteln in den buntesten Farben blühen. Wir vermissen lediglich die sonst in Fußgängerzonen üblichen Kugellaternen. Diese fördern natürlich nicht nur die Schönheit der Stadt sondern auch die Pflege des volkstümlichen Liedgutes. Wie oft schon haben wir am Ring oder in der Fürther Straße nachts lauschen dürfen, wie ein vollkommen betrunkener Mitbürger mit einem historisch wertvollen Sandstein so eine kugelförmige Laterne beschmissen und nach erfolgtem Volltreffer zufrieden gesungen hat: „Der Mond ist ausgegangen."

Neben den Pflanztrögen, zusammengebrochenen Autofahrern, verzweifelten Polizisten und rotweißen Absperrbalken sind also in der neuen Fußgängerzone leider noch keine weiteren Kunstgegenstände angebracht. Das haben wir wahrscheinlich wieder unserem Stadtkämmerer zu verdanken, diesem Herrn Schmitz, der in der Stadt alle wünschenswerten Investitionen streicht und deswegen schon mehrfach als Stadtstreicher in die Geschichte eingegangen ist.

Wenn zwei sich streiten, wird der Dritte halb verrückt

Wenn zwei sich streiten, freut sich, wie jeder aufmerksame Leser von „Büchner's gesammeltem Zitatenschatz" weiß, immer der Dritte. Dieses Sammelwerk deutscher Geistesblitze muß jetzt um eine Sentenz erweitert werden. Nämlich: Wenn sich zwei streiten, kann es sein, daß der lachende Dritte erst halbverrückt wird und dann einen Nasenbeinbruch erleidet.

Dieser Dritte, der sich jetzt bald in den geflügelten Worten wiederfinden wird, war ein Taxifahrer namens Max. Er ist in einer Nacht von Freitag auf Samstag am Hauptmarkt vorgefahren, wo bereits zwei Kunden auf ihn gewartet haben.

Der Max ist mit seinem Auto noch nicht richtig gestanden, da hat ein gewisser Herr Walter schon die linke hintere Wagentür aufgerissen, sich auf den Rücksitz geschmissen und befohlen: „Nach Färdd!". Und fast gleichzeitig ist von rechts der Robert ins Taxi geflogen und hat gebrüllt: „Der leffd nach Färdd, iich bin eher dou gween. Mir foohrn nach Langwasser! Wenns gäid, haid nu!"

Es war eine große Aufgabe für den Taxifahrer, denn Fürth und Langwasser liegen vom Hauptmarkt aus gesehen entgegengesetzt auseinander.

Während der Max noch darüber sinnierte, wie man Fürth mit Langwasser verbinden kann, versuchte der Robert am Rücksitz seinen Fürther Mitreisenden aus dem Taxi hinauszuschmeißen.

Tatsächlich lag dann der Walter schon wieder auf dem Gehsteig, und der Robert befahl noch einmal: „Der Moo hoddsis andersch überleechd. Der grabbld nach Färdd. Gemmer, Masder! Nach Langwasser!"

Beim Anfahren hatte sich der über Bord geworfene Walter

aber bereits wieder ins Taxi gezogen und schnaufte erschöpft: „Nix Langwasser! Nach Färdd werd gfoohrn!" Dann öffnete er unter Aufbietung seiner letzten Kräfte die andere Tür und versuchte seinerseits, den Herrn aus Langwasser hinauszuschmeißen. Was ihm auch gelang. Aber als der Max gemäß einem neuen Befehl sein Auto in Richtung Fürth lenken wollte, saß der Robert schon wieder auf dem hart umkämpften Rücksitz und röchelte: „Langwasser!"
Schon begann eine erneute Kampfhandlung, und die Fahrtrichtung schien sich wieder nach Fürth zu ändern, da war die Geduld des Taxifahrers erschöpft. „Sooderla", sagte er in einem sehr bestimmenden Ton, „edzer is a Rouh. Mir foohrn nedd nach Färdd, und mir foohrn nedd nach Langwasser!" Dann packte er den Walter und den Robert am Kragen und schmiß beide aus dem Auto. Wieder wollte er starten, doch er hatte die Rechnung ohne Fürth und Langwasser gemacht. Mit einer für eine Trunkenheit von 1,8 beziehungsweise 2,3 Promille erstaunlichen Reaktion zerrten die zwei verfeindeten Fahrgäste plötzlich mit vereinten Kräften den Max aus seinem Taxi. Als er sich am Gehsteig, mit einem gebrochenen Nasenbein versehen, wieder aufrappelte, sah er sein Taxi gerade noch um die Kurve herum verschwinden. Am Steuer saß der Robert aus Langwasser. „Suweid iich mich erinnern konn", sagte dieser vor dem Amtsgericht, „hommer uns suu geeinichd, dassi erschd nach Färdd foohr und dann nach Langwasser. Und dorddn häddsi der Gischbl nou sei Daxi widder abhulln kenner."
Wieder fuhren die zwei, aber nicht nach Fürth und nicht nach Langwasser, sondern nur bis zum Plärrer, wo sie von der Polizei in Empfang genommen wurden.
Inklusive der mildernden Umstände wegen der Trunkenheit machte es pro Fahrgast sechs Monate mit Bewährung, für den Robert noch zwölf Monate Führerscheinentzug als Extra-Prämie. „In Zukumbfd", sagte der Walter, „gäih iich immer nach Färdd ins Werzhaus. Nou brauchi ka Daxi." „Und iich", sagte der Robert, „sauf derhamm in Langwasser." „Und iich", ergänzte der Taxifahrer, „iich glaab, iich laß mi als U-Bahn-Schaffner umschuln. Däi fäärd nach Färdd und nach Langwasser. Obber immer schäi der Reihe nouch."

I WANT
I CAN
adidas
TORSION
Sie haben die Kraft, die Kondition – und Sie wollen es schaffen. Für Sie hat adidas ein völlig neuartiges Sportschuh-Konzept entwickelt: adidas Torsion. Der Schuh, der sich genauso bewegt wie der Fuß, ihn aber gleichzeitig sicher stützt und kontrolliert. Dies entlastet den Bewegungsapparat systematisch. So daß Ihre eingesetzte Energie effektiver in Leistung umgesetzt wird.
TORSION

Der Eiermann

Seit beinahe zwanzig Jahren transportiert der Josef mit einem klapprigen Kombi seine zerbrechliche Fracht in die Stadt, hält auf dem angestammten Platz und brüllt durch einen zum Megaphon gefalteten Eierkarton für das ganze Viertel gut hörbar: „Halli, Hallo, der Eiermoo is doo!“ In diesen zwei Jahrzehnten, betonte der ambulante Eierhändler vor Gericht, habe er noch kein einziges Mal Beschwerden von seiten der Kundschaft gehabt, keinerlei Kollisionen mit dem Lebensmittelgesetz oder gar eigenartige Geruchsentwicklungen im Auto.

Jetzt hat er mit seinen Landprodukten das Viertel wechseln müssen, weil niemand mehr was von seinen Eiern wissen wollte. „Alles nerblous weecher dera Schnalln“, sagte der Josef. Damit wollte er andeuten, daß er eine ehemalige Kundin namens Gudrun für ein schlüpfriges Wesen hält und mußte für diese Einstufung eine Ordnungsstrafe von 150 Mark zahlen.

An einem unschuldigen Mittwoch früh hatte der Josef durch seine Pappdeckeltrompete gerade wieder sein „Halli, Hallo, der Eiermoo ist doo“ erschallen lassen, da ist neben ihm schon die Gudrun mit einem zarten Morgenrock gestanden und hat etwas von einer dringenden Eier-Reklamation angedeutet und daß es sich der Josef mit eigenen Händen anschauen soll. Unter Umständen auch mit eigenen Augen. „Iich bin nou mid dera Schn ...“, Schnalln wollte er schon wieder sagen und verbesserte sich wegen der Gebührenordnung am Gericht: „.... und bin nou mid dera Schnäigoons in driddn Schduug naafganger.“ Auch die Schneegans kostete 150 Mark Ordnungsstrafe. „Wos kosdn nocherdla a Schnebfn?“ erkundigte sich der Josef und mußte für seine ornithologischen Fachkenntnisse erneut zahlen. „Also“, versuchte er es zum vierten Mal, „iich bin mid dera gnädichn Frau durchs finsdere Drebbnhaus ganger, immer ihrn Heilichnschein nouch, und wäi mer ba ihr in der Kichn gween sin, machds ihrn Boodmandl aaf und sachd: ‚No Vadder, wos saggsdn edzer dou derzou?‘ Nou hobbi gsachd: ‚Fiir Ihna werds besser sei, wenn'S die nexdn drei Wochn amol kanne Eier essn.' Und nocherdla binni widder ganger."

Eine Woche später ertönte in der östlichen Vorstadt das vertraute „Halli, Hallo, der Eiermoo is doo", und als sich die Kundschaft am Auto vom Josef versammelte, tauchte auch wieder die Gudrun auf und hielt eine größere Rede. „Deine schdingerdn Gaggerla", sagte sie laut, „däi schmiersder am besdn ans Baa hii. Dou konni mer glei Eierbrikedd in die Bfanner hauer. Däi sin a boor Milliona Joohr ald, obber immer nu frischer wäi deine Hennerbemberla!"

Danach teilte sie den stark interessierten Zuhörern noch mit, daß bei der Hälfte der letzten Lieferung schon ein Eisprung zu beobachten war und Küken ausschlüpfen wollten. „Eingli", sagte sie noch, „hobbi an Koung baggn wolln, obber ka Hennerfarm aafmachn!" Als der Josef einen Protest anmelden wollte, roch es aus dem Kombi schon stark nach antiquarischen Eiern. „Hunderdundbrozend", verteidigte der Josef den Geruch, „hodd mer däi in mein Audo a Schdinkbombn neigschmissn. Iich hob nou anns vo meine Gaggerla raus, hobs aafbrochn und gsachd, sie soll amol hiiräing, wäi frisch daß meine Eier sin. Und nou hodds gsachd, daß meine aldn Eier scho kennd und nedd exdra hiiräing mous."

Es ist alles erstunken und erlogen, erklärte die Gudrun als Zeugin. Sie hat die Woche vorher dem Josef schon die kaputten und anrüchigen Eier zurückgeben wollen, und jetzt möchte er sich auf einen angeblich geöffneten Bademantel hinausreden. Und auch die Geruchsprobe ist ganz anders abgelaufen. „Der Eiermoo", erinnerte sich die Gudrun, „hodd mer aa Gaggerla nachn andern am Kubf hiig'haud, daß mer der Dodder iibers Gsichd gloffn ist. Und ein Kalk-Ei mous aa derbei gween sei, sunsd häddi ja ka Gehirnerschüdderung g'habd."

Für das Eierschmeißen gab es Zeugen, und der Josef wurde wegen Körperverletzung zu einer Geldstrafe von 900 Mark verurteilt. „Bläide Henner, bläide", sagte der Josef nach dem Urteil und mußte trotz der Beteuerung, daß er damit nur über seine Hühner daheim auf der Farm laut nachgedacht hat, erneut 150 Mark zahlen.

Im Stuhlgang durch die Altstadt

Oft haben ja kommunale wie überregionale Politiker ein derart herzliches Verhältnis zu ihrem Klappstuhl auf der Hinterbank, daß man zu der Überzeugung kommt, sie kleben an ihm. Wer lange klebt, hat oft eine wohltuende Aussicht auf eine stattliche Altersvergütung. Auch ein gewisser Herr Alfons ist nach einer kleinen Meinungsverschiedenheit im Gasthaus sehr lange mit seinem Stuhl innig verhaftet gewesen, und so ist ihm vom Staatsanwalt bei der Verhandlung ebenfalls eine ansehnliche Staatspension in Aussicht gestellt worden, und zwar sieben Monate ohne Bewährung. Ein paar Tage vor dem heiligen Fest ist dieser Alfons in diesem Gasthaus erschienen und hat den Wirt und den einzigen Gast zum härtesten Spiel der Welt aufgefordert, nämlich zum Rot-Assn. Der Alfons hat drei Kartenhäufchen gebildet, jeder hat auf ein Häufchen seiner Wahl fünf Mark setzen können und der mit dem Häufchen, wo die Rot-As drunter war, hat den Gesamteinsatz gewonnen.

Der Alfons war schon mit fünzig Mark im Keller und hat ständig gemurmelt. „Mensch, hob der iich haid ein Bech – außer meiner Noosn läffd obber aa scho goornix." Und schon hatte er wieder fünf Mark verloren. Man erhöhte schließlich die Einsätze auf fünfzig, dann auf hundert Mark, und wie durch ein Wunder war die Pechsträhne vom Alfons plötzlich beendet.

Als er insgesamt achthundert Mark gewonnen hatte, entdeckte der Wirt die tiefere Ursache des Wunders. „Däi Dreegsau bscheißd!" schrie der Wirt und zog dem Alfons die Rot-As aus dem Jackenärmel. Der andere Mitspieler vermißte neben seinem beim Spiel verlorenen Geld zusätzlich noch einen frisch abgehobenen Fünfhundert-Mark-Schein. Zweimal wollte der Falschspieler stiften gehen, worauf der Wirt und der andere Herr nach den Vorschriften der Kriminalfernsehspiele vorgingen und den Alfons mit einem dicken Wäscheseil ganz fest an seinen Stuhl fesselten. „Sooderla, du Verbrecher", sagte der Wirt, „edzer demmer amol in aller Ruhe middn Bollizeibräsidium delefoniern." Und der Gast sagte: „No, hommer di ganz schäi eigwiggld? Edzer konnsd midder Goschn kardldn." Dann verschwand er auf die Toilette.

Als der Wirt vom Telefon zurückkam und der Gast von der Toilette, war der Alfons verschwunden und der Stuhl auch. „Des mäinsersi amol vuurschdelln, Herr Richter", sagte der Wirt am Amtsgericht, „hodd der a Buggerla gmachd und is zammds den Schduhl abg'haud. Durch die halberde Aldschdadd isser grennd."

Eine Polizeistreife hatte den eiligen Stuhl aber am Plärrer gesichtet. „Dou is anner iiber die Schdrass gwedzd", erinnerte sich der Polizeiobermeister, „mid ganz glanne Schridd und einen Gengschdand am Buggl. Mir hom zeerschd gmaand, der hodd den Schduhl gschdulln. Am Volgsbad hommern nou fesdgnummer, wäi er si aff den Schduhl hiig'hoggd und anweng verschnaufd hodd." Entgegen der Forderung vom Staatsanwalt wurde der Alfons lediglich zu sechs Monaten auf Bewährung verurteilt.

Der Nasenschützenkönig

Der Manfred gehört zu jenen Freizeitsportlern, die von den Muskelschmieden in den höheren Leeranstalten für Allgemeinbuilding nicht viel halten und sich ihre Fitness-Zentner lieber im Wirtshaus ansaufen. Auch dort wird der Deltamuskel und der Unterarmbeuger beim unermüdlichen Heben und Senken des Bierglases gestählt, beim Aufprall auf die Tischkante gegen Mitternacht unterzieht man dem Kopf einem gnadenlosen Härtetest und auch das anschließende Heimbalancieren erfordert allerhöchste Konzentration.

Zu diesen Sportarten ist im Manfred seiner Stammkneipe jetzt noch das allabendliche Schleudern mit Wurfpfeilen auf eine Zielscheibe dazugekommen. Die aus England stammende Körperertüchtigung heißt in der Fachsprache Dart und wird mit eisernen, sehr spitzig gefeilten Kurzstreckenraketen mit Handbedienung ausgeübt. Es handelt sich dabei um eine der härtesten Sportarten der Welt, vor allem wenn man bei diesem Spiel als Zielscheibe eingesetzt wird. Die Teilnahme an so einem Zielwerfen kostete dem Otto, bis zu dem kleinen Zwischenfall der beste Freund vom Manfred, den Führerschein.

Ähnlich wie beim Schießsport erfordert nämlich das Zielen mit Wurfpfeilen einen großen Einsatz von Zielwasser. Der Manfred hatte sich mit etwa zwölf Bier und einer halben Flasche Asbach sorgfältig auf den Wettstreit vorbereitet und traf beim ersten Wurf den großen Spiegel, der ungefähr sechs Meter von der Zielscheibe entfernt ist. „Gnabb derneem“, kommentierte er seinen ersten Versuch. Vor dem zweiten Wurf entfernte der Wirt den Käfig mit dem ängstlich blickenden Wellensittich. „Des woor nichd verkeerd“, lallte der Manfred zum Wirt, als sich der Pfeil beim zweiten Wurf drei Meter von der Scheibe entfernt in das Regal hinter der Theke bohrte, „dassd den Käfich wechdou hosd, wall sunsd häddi edzer dein Wellnsiddich indianermäßich erschossn.“

Vor dem dritten Versuch erteilte der ebenfalls schon sehr schön angetrunkene Otto seinem Freund einen Schnellunterricht im Kleinspeerwerfen. „Dou moußd den Bfeil“, sagte er, „schäi waachrechd in der Händ haldn, nou ganz däif einadmen, nocherdla ausschnaufn, a Sekundn warddn und mid aller Grafd aff die Scheim schmeddern. Und es wichdigsde is es Dreffn.“ Nach dieser Lektion traf der Manfred, und zwar einen handgeblasenen, gläsernen Bierkrug aus dem Jahr 1789 zum Schätzwert von fünfzehnhundert Mark. „Widder derneem“, resignierte der Manfred.
Da ging der Otto an die Scheibe, deutete auf den rot angestrichenen Mittelpunkt und sagte: „Dou ins Zendrum moußd schäißn, du Doldi! Genau in die Middn!“ Sekunden später schrie der Otto gequält auf, mitten im Zentrum seiner Nase steckte der von seinem Freund diesmal mustergültig geworfene Pfeil. „Asuu ein Rimbfiech“, sagte der Schütze, „edzer häddi direggd in Hunderder neidroffn, und der Depp wehrd in Bfeil midder Noosn ab! Iich hob gmaand, ba den Schbill gibds kann Dorward!?“ Es entwickelte sich daraufhin ein kurzer Streit, während dem der Pfeil immer noch in der Nase vom Otto steckte. Am Ende der Auseinandersetzung brüllte der Otto: „Des woor ein Mordversuch! Edzer gäih iich zur Bollizei und zeich di oo!“
Fürs Gehen war die Polizeiwache allerdings zu weit entfernt, und der Otto setzte sich – immer noch mit dem Wurfpfeil in der Nase als Beweismittel – ins Auto und fuhr aufs Revier. Dort waren die Polizisten sehr erstaunt, als ein stark angetrunkener Herr mit einem Pfeil in der Nase erschien und eine Anzeige wegen Mordversuch machen wollte. Sie zogen ihm erst den Wurfpfeil mit einem kurzen Ruck weg und dann den Führerschein. Auf Beschluß des Verkehrsrichters muß der Otto jetzt wegen des Transports eines Wurfpfeils in der Nase mit dem Auto und mit 2,4 Promille noch zehn Monate auf seinen Führerschein warten und eine Geldstrafe von 4000 Mark zahlen. „Manche“, sagte der Manfred zu seinem Freund nach der Verhandlung, „hom Sicherheiznoodln im Ohrläbbla odder Rasierklinger. Dou häsd doch eingli den Bfeil in der Noosn als Gsichdsschmuck schdeggn lassn kenner.“

Aus der Welt des technischen Fortschritts:

Das Zwölfton-Telefon

Wie jeder weiß, hängt die in letzter Zeit häufig vorkommende Postmoderne in erster Linie mit der Überarbeitung und Modernisierung der Post zusammen. Diese Modernisierung ist jetzt auch im Kleinraum Nürnberg fast vollständig abgeschlossen, was sich vor allem im Telefonwesen sehr schön beobachten läßt.

Noch bis vor wenigen Tagen hat es in einigen Stadtteilen Telefonapparate gegeben, die beim Anruf eines sogenannten Teilnehmers geläutet haben. Neuerdings läutet nirgends mehr ein Telefon, sondern durch die Einführung einer neuen Gehörordnung pflegt ein Telefon zu tirillieren, trällern, zwitschern oder es ähnelt dem Lockruf des nordafrikanischen Marabu.

Oft reagiert der Teilnehmer noch gar nicht auf die neue Läut-Weise seines Zwölfton-Telefons, weil er meint, es ist das Signalzeichen für zwölfhundert Punkte beim Flippern im örtlichen Spielsalon. Manche greifen beim sprachwissenschaftlich noch nicht exakt eingeordneten Schnattern ihres Telefons in ihrem Jahrtausende alten Jagdinstinkt immer noch zur Schrotflinte. Sie halten das Geräusch für einen zufällig durch das Wohnzimmer ziehenden Entenschwarm. Vergangene Woche ist ein Ehepaar in der Südstadt aus dem Fenster seiner Parterrewohnung gesprungen, weil es den Anruf eines schwer betrunkenen Freundes am frühen Vormittag gegen halb vier Uhr mit dem Alarmruf der Feuersirene verwechselt hat.

Anscheinend nahmen bei uns auch die schwerhörigen Mitmenschen rapid zu. Im gleichen Maß hat deswegen die Post die Lautstärke ihrer Telefone um hundertfünfzig Dezibel pro Quadratmillimeter Trommelfell erhöht. Wenn an einem Samstag nachmittag in einer Reihenhaussiedlung alle Siedler

im Garten sind, und es wimmert in einem Haus ein Telefon, dann lassen hundertachtzig Mann auf einen Schlag ihren Rasenmäher fallen und rennen ins Haus.
Sehr wohltuend klingt es auch, wenn man selber einen der zahlreichen Teilnehmer aus dem Fernsprechnetz anruft und es bei dem betreffenden Anschluß wie immer belegt ist. Früher hat es in diesem Fall getutet. Jetzt pfeift es aus der Muschel wie in der Geisterbahn.
Für einen kleinen Aufpreis kann man sich dieses Pfeifen aber von der Post ohne weiteres veredeln lassen. Man hört dann statt dieser schrillen Schreie zum Beispiel eine Stunde lang die wohltuenden Computer-Worte „Bittte warrrtttennn, Bittte warrrtttennn, Bittte warrrtttennn!" Man kann sich auch musikalische Warteschleifen einbauen lassen, so daß der jeweilige Warter nicht von dem ständigen „Bittte warrrtttennn" verrückt wird, sondern infolge des dreißigminütigen Genusses des bayerischen Munitionsherstellerliedes „Patrona Bavariae" in die Hör- und Pflegeanstalt eingewiesen werden muß.
Weltunternehmen wie der Nürnberger Airport oder die Nürnberger Messe verfügen selbstverständlich über ein internationales Besetzt-Zeichen. Es dröhnt dann etwas an das Ohr des vergeblichen Anrufers, das so ähnlich klingt wie „Holzerlein". Es handelt sich dabei aber nicht um den fränkischen Fußballer-Fachausdruck des meist auf den Knöchel hinapplizierten Hulzerla, sondern um die englische Durchhalteparole „Hold the line!" – auf deutsch bedeutet es „Bittte warrrtttennn".
Die Krönung der postalischen Neutonschöpfungen ist aber dennoch, wie schon kurz erwähnt, das Telefonläuten im eigenen, kleinen Plastik-Campanile. Dieser Tage erst hat eine Ehefrau im Mikro-Grillroom (althochdeutsch: Küche) zu ihrem Mann im Elektronik-Workshop (althochdeutsch: Wohnzimmer) hinübergebrüllt: „Horch amol, bisd du denn duusheerad!! Gäih hald hii, du Doldi, wenn der Dellerfon laid!" Es war aber nicht der Telefon, sondern der Herr des Hauses hat auf seinem quadrophonen CD-Bläher (neuhochdeutsch: Player) der Langspielplatte „Walter Kipfer, der ungekrönte Jodlerkönig der Berge" gelauscht.

Autos zum Lesen:

Klebersdorf grüßt den Rest der Welt

In früheren Zeiten, wo die allgemeine Staupflicht bis zu 500 Kilometer noch nicht eingeführt war, hat es sich beim Autofahren um eine sehr langweilige Fortbewegungsart gehandelt. Ältere Autobahnstauer können sich noch dunkel daran erinnern, daß man seinerzeit oft bis zu zehn Minuten ohne jegliche Unterbrechung dahinfahren hat können. Gegen diese Eintönigkeit gibt es aber inzwischen neben dem bereits erwähnten Stau noch ein sehr erhabenes Mittel. Nämlich den Autoaufkleber, in Franken auch kurz Bläbberla genannt.
Man kann durch diese selbstklebenden, oft sehr kleingedruckten Denkschriften zum Beispiel die Sehkraft seiner Augen überprüfen und sodann durch den anschließenden Auffahrunfall sein Auto und das des Vordermanns dem umweltfreundlichen Recyclingverfahren in einer örtlichen Shredderanlage seiner Wahl zuführen. In solchen Fällen hat der schwer lesbare Aufkleber-Text meist geheißen: „Fahr nicht so dicht auf, du Doldi!"
Auch lernt man durch die Klebomanie im Straßenverkehr seine Mitfahrer näher kennen. Angenommen, wir entdecken

auf einem vollkommen zutapezierten Kofferraum vor uns die manisch depressiven Aufschriften „Ich liebe Kinder“, „Ich bin ein Nürnberger“, „Franken – Bayerns Elite“, „Der Herr ist mein Hirte“, „Ich bremse auch für Tiefflieger“, „Ich bin bleifrei“, „Jesus lebt“, „Gebersdorf grüßt den Rest der Welt“, „Was tanken wir Franken?“, „Christus ist mein Halt“, „I like Skischaukel Flachau-Wagrain“, dann wissen wir schon gesichert, daß dieser Autofahrer vor uns trotz seines festen Glaubens an Gott unter schweren Rostschäden auf seiner Metallic-Lackierung leidet.
Als sehr wirksam hat sich auch der Aufkleber „Atomkraft, nein danke“ erwiesen, denn durch ihn ist jetzt die Einstellung der atomaren Wiederaufbereitungsanlage in Wackersdorf beschlossen worden. Autofahrer, die hinten fordern „Rettet den deutschen Wald“ und vorne aufs Gaspedal steigen, befinden sich entschieden auf dem richtigen Weg. Es mag vielleicht jemand einwenden, daß dieser Retter der deutschen Wälder zur Verwirklichung seines Vorhabens seine Füße lieber zum Laufen als zum Gasgeben verwenden soll. Aber dann kann er natürlich nicht mehr mit einem Autoaufkleber an die Rettung des deutschen Waldes gemahnen.
Noch besser ist aber der Befehl „Freie Fahrt für freie Bürger!“ Durch diese Freiheitsfolie werden wir zum schweren Grübeln veranlaßt. Will dieser freie Bürger bei Rot über die Ampeln fahren, ist er ein Anhänger der französischen Revolution oder will er nur Freifahrten im Sinn von Freibier? Fragen über Fragen, die auf dem Hinterteil dieses freien Bürgers leider nicht schriftlich beantwortet werden. Der Fahrer mit dem Aufkleber „Ich bremse auch für Tiere“ scheint es hingegen mit seiner Bremsbereitschaft nicht sehr ernst zu nehmen, was man an den Hunderttausenden von toten Mucken, Schnaken, Faltern, fliegenden Ameisen und Mikroben auf seiner Windschutzscheibe mühelos erkennen kann.
Die Krönung der Autoaufkleber sind die meist nur auf vornehmen Wagen ab zehn Quadratmeter Klebraum befindlichen, künstlerisch gestalteten Initialen des Fahrers. Auf sie folgt dann meist die letzte Stufe, nämlich das Anbringen eines Aufklebers durch den Gerichtsvollzieher.

Immer wenn der Gasmann kommt

Der Walter arbeitet hauptamtlich als Straßenbahnpilot und hat dadurch im öffentlichen Nahverkehr sehr große Erfahrungen. Dieser Erfahrungsschatz ist ihm auch im Bereich des nichtöffentlichen Nahverkehrs sehr zustatten gekommen, wo er nach Dienstschluß häufig bei einer Frau Karin aus- und eingeht. Auch dieser Verkehr erfolgt nach einem auf die Minute ausgetüftelten Fahrplan, denn die Karin ist verheiratet.

Ihr Ehemann kommt pünktlich abends um halbsechs vom Geschäft heim, so daß der Walter allerspätestens fünf Minuten vor halbsechs aus dem Bett sein muß. Bekanntlich geht der Krug so lange zum Brunnen, bis er bricht oder bis er einen Seitensprung hat.

An einem Dienstag nachmittag ist der Walter noch schwer in den Nahverkehr vertieft gewesen, wie auf der Treppe plötzlich laute Schritte zu hören waren. „Allmächd, mei Moo", schrie die Karin, „bagg dein Grembl zamm und hubf zon Fensder naus!"

Der Walter sprang in seine Uniform, rannte ins Badezimmer, sperrte vorsichtshalber hinter sich ab, öffnete das Fenster und merkte gerade noch rechtzeitig, daß er sich im dritten Stock befand. Draußen vor der Badezimmertür hörte er den Ehemann flöten: „Mausi, Gräißdigodd, iich bins. Der Broddngeier hodd mi haid middn Audo mitgnummer, des gäid fei schneller wäi midder Schtrasserboo!"

Dann schritt er ins Bad, wo er sich nach Geschäftsschluß traditionell mit der Zeitung eine halbe Stunde seinen privaten Geschäften widmet. Es war abgesperrt. „Mausi", sagte er durch die geschlossene Tür, „schigg di aweng, iich mous am Abbodd." Die Tür öffnete sich und vor dem erstaunten Herrn Gemahl stand ein einigermaßen uniformierter Straßenbahner. „Griss Godd, der Herr", sagte der Walter, „es is alles in Ordnung mid Ihrn Gas-Boiler. Blouß die Düüsn mäimer amol widder aweng durchblousn. Fiir die Undersuchung gräichi nou fuchzeha Marg und sechzg Bfennig." „Wer sinnern nou edzer Sie", fragte der Karin ihr Ehemann. „No der Kondrolleur für die Gas-Boiler, des seeng'S doch" sagte der Karin ihr Zweitmann.

Daraufhin musterte der Ehemann den städtischen Dienstmann von oben bis unten und sagte: „Hom däi edzer ba der Schdadd suu wenich Geld, daß die Kondrollöre barfuß laafn mäin?" Und dann fügte er noch hinzu: „Obber schnell gärwerd werd ba der Schdadd scho. Haid fräih, wäi iich ausn Haus ganger bin, hommer im Bad nu kann Gas-Boiler g'habd." Nach den plötzlich sehr lauten Worten „Iich wass scho, wou du Dreegsau die Düüsn vom Boiler durchblousn mechersd!" streckte der Ehemann den Gasmann mit mehreren kräftigen Watschen nieder.

Der nichtöffentliche Nahverkehr wirkte sich strafmildernd aus, und die Körperverletzung wurde vom Amtsgericht mit einer Geldstrafe in Höhe von 1600 Mark geahndet. „Ja, suu hommers gern", sagte der Angeklagte, „der bläsd zwaamol in der Wochn ba meiner Frau die Düüsn durch, und iich derf derfiir zoohln!"

Der Alkohol-Freiheitskämpfer

Durch die neue binneneuropäische Dünnbier-Konzeption der Brauereien kommt es in letzter Zeit ja seltener vor, daß jemand betrunken das Wirtshaus verläßt. Häufig wirken Gasthäuser, die sich auf alkoholfreies Bier spezialisiert haben, auf den herkömmlichen Trinker wie Ausnüchterungszellen.

Der Erwin ist durch den Genuß von Klarsichtgetränken in die Mühlen der Justiz geraten. Nachdem seiner Meinung nach auch die alkoholhaltigen Biere nicht nur rein äußerlich immer mehr dem Apfelsaft ähneln, hat er sich auf den Genuß von Schnäpsen spezialisiert. Er bevorzugt Enzian.

An einem Freitag abend soll er nach eigenen Schätzungen fünfzehn Enzian getrunken haben. „Ham'S auch was gessn?" fragte der Amtsgerichtsrat. „Fraali", antwortete der Angeklagte, „drei Wodka mit Feige." Mit einem sehr hohen Drehmoment wankte der Erwin in dieser Nacht von der Innenstadt in Richtung Maxfeld, verweilte für kurze Zeit liegend mitten auf der Kreuzung am Rathenauplatz, um, wie

er einer Polizeistreife erklärte, den Verkehr zu regeln, und erblickte dann beim Heimkrabbeln in der Nordstadt noch den trauten Schein eines beleuchteten Wirtshauses. „Bitte sehr, der Herr?" fragte der Kellner unter den Tisch nach der Bestellung des späten Gastes. „Vier Bier", lallte der Erwin, „iich hob Dorschd!"
Worauf der Ober entschied, daß er dem Herrn ein alkoholfreies Bier serviert. Nach dem vierten Bier konnte der Erwin bereits wieder gerade auf dem Stuhl sitzen, nach dem sechsten Bier bestellte er einen doppelten Enzian. „Es werd besser sei", sagte der Ober, „wenn'S kann Schnabs mehr drinkn." „Wos für miich besser is und wos nedd", schrie der Erwin, „des mousd scho mir iiberlassn, du Wasserdräächer du draurìcher!"
Als sich der fürsorgliche Ober aber auch durch die Drohungen, daß der Gast die Wasserpolizei alarmiert, nicht einschüchtern ließ, bestellte der Erwin noch einmal zwei Bier. Dabei machte der Kellner den Fehler, daß er das Bier nicht wie vorher im Glas servierte, sondern in der Flasche.
Die Ernüchterung vom Erwin war inzwischen schon so weit gediehen, daß er schwarz und weiß unterscheiden und einzelne Buchstaben lesen konnte. Zu seinem Entsetzen entzifferte er auf der Flasche das Wort Alkoholfrei. „Dou gäih amol her", brüllte er durch das Gasthaus, „iich glaab, dir homs vurche Wochn im Schlachdhuuf a Kalbshirn eigsedzd! Ein algerholfreies Bier schdelld mir der Verbrecher zum Saufn her! Dou konnsd mer ja glei a Seidla Kamillndee bringer und a Bozzion eigschloufne Fäiß mid Kouhblummersalood! Iich will a Bier, wou mer bsuffn werd und nedd anns, wou mer an Wasserkubf gräichd!"
Danach kam es noch zu einer leichten körperlichen Auseinandersetzung, dann verrichtete der Erwin seine Notdurft unmittelbar neben der Theke und bemerkte dazu: „Dou hosd dein algerholfreien Blembl widder, Gunachd banander!" Wegen der nicht bezahlten Zeche, zwei Schelln und der Verunreinigung des Gasthauses wurde der Erwin zu einer Geldbuße von 1600 Mark verurteilt und zu drei Monaten mit Bewährung. „Mid Bewährung", sagte er, „is aff jeedn Fall besser wäi ohne Algerhol."

Die gehäckselte Armbanduhr

Ein Zweistufen-Gartenhäcksler ist ein sehr segensreiches Gerät. Denn man kann mit ihm alle Gartenabfälle in winzige Schnitzel zerkleinern, so daß neben der Terrasse im Lauf des Jahres kein riesiger Schuttberg aus Salatblättern, Sträuchern, hundertjährigen Eichen, mehreren Tonnen Zwetschgenbaumzweigen und bereits in Verwesung übergegangenen Gummistiefeln entsteht, sondern nur ein handlicher biologisch-dynamischer Komposthaufen. Ein Gartenhäcksler hat lediglich den Nachteil, daß seine Hersteller über keinerlei Kenntnisse auf dem Gebiet der Schalldämmung verfügen und es beim Häckseln im Umkreis von fünf Hörmeilen dröhnt, als würde man seine Gartenabfälle von einer bekanntlich nur friedlichen Zwecken dienenden Panzerdivision der Bundeswehr zerkleinern lassen. Auch Panzer sind potentielle Wohltäter der Menschheit.
In dem Verfahren gegen einen Herrn Alfred ging es allerdings auch noch um die Frage, ob eine silberne Armbanduhr und der berühmte Lore-Roman „Die Heimkehr des jungen Grafen" zur Familie der Gartenabfälle zählen. Ein gewisser Helmut, ein Nachbar vom Alfred, war an einem Spätsom-

mernachmittag gerade in die Lektüre der Heimkehr des jungen Grafen vertieft, als er plötzlich vor Schreck senkrecht im Liegestuhl stand. „In erschdn Momend“, erklärte der Helmut dem hohen Gericht, „hobbi gmaand, daß anner vo däi Ami-Hubschrauber in Feichder Fluuch-Hoofn mid meiner Derrassn verwechsld hodd.“ Bis er feststellte, daß der Urheber des allgemeinen Ohren-Tests sein Nachbar war.
Mit dem Romanheft „Die Heimkehr des jungen Grafen“ in der Hand kletterte der Helmut über den Zaun und brüllte dem mit seinem dröhnenden Gartenhäcksler beschäftigten Alfred ins Ohr: „Machn'S serfordd den Häggsler aus. Es is scho nach Sechser!!“ Der Alfred brüllte zurück: „Griss Godd, Herr Nachber. Daß mer Sie aa amol sichd.“ Darauf schrie der Helmut: „Haldn'S blouß Ihr Maul und wern nedd frech! Iich hull edzer die Bollizei!“ Der Alfred formte die Hände zu einem Schalltrichter und bläkte: „Sie mäin aweng lauder reedn. Iich dou nemli grood aweng häggsln.“
Weil der Helmut zu seinem Nachbarn akustisch keine Verbindung herstellen konnte, versuchte er es mit der Zeichensprache und haute dem Alfred mit der Hand den Strohhut vom Kopf. Dann deutete er erneut auf seine Armbanduhr und brüllte im Telegrammstil: „Sechser vobbei! Ausschaldn! Bläide Sau! Bollizei!“ Diese Botschaft ist dann angekommen. „Ach goor“, sagte der Alfred, „aff deiner Uhr is scho Sechser vobbei. Des werd a ganz schäins Glumb sei, dei Uhr!“ Und dann riß er dem Helmut die Armbanduhr vom Handgelenk und schmiß sie in den Schlund des Gartenhäckslers, wo sie zusammen mit dem Roman „Die Heimkehr des jungen Grafen“ Sekunden später gehäckselt wurde. Die zur Hilfe gerufene Polizei konnte nur noch feststellen, daß man eine Armbanduhr in weitaus mehr ganz kleine Teile zerlegen kann, als bisher vom Uhrenfachverband angenommen wurde.
Der Alfred ist wegen Beleidigung, Ruhestörung und dem Häckseln einer silbernen Armbanduhr zu einer Geldstrafe von 900 Mark verurteilt worden. „Wenn'S widder amol wissn wolln, obs schon Sechser vobbei is“, erklärte der Angeklagte dem Helmut den Weg seiner kostbaren Armbanduhr, „nou mäin'S hald in Zukumbfd aff mein Kombosdhaufn schauer.“

Die Menschenpyramide

Bei Stammtischen, die schon über Jahrzehnte bestehen, pflegen sich gewisse feste Bräuche zu bilden. Manche Stammtischgesellschaften unternehmen nachts noch eine Wanderung durch den Burggraben und ziehen sich in den Schneppergärten zur geschmacklichen Abrundung des Abends einen Rettich. Manche singen früh um drei Uhr auf der Burgfreiung a capella „Der Mai ist gekommen", auch im November oder im Dezember.

Bei dem Stammtisch, dem der Winfried angehört, ist es seit vielen Jahren Brauch, daß man lang nach der Sperrstunde und kurz vor Eintritt in das Delirium tremens als krönenden Abschluß eine Menschenpyramide bildet. Es klettert dabei ein Stammtischbruder auf den anderen, ähnlich wie im Zirkus, dann schmettern alle das Artistenlied „Ein Prosit der Gemütlichkeit", und danach stürzt die Menschenpyramide meistens in sich zusammen. Infolge der schützenden Wirkung von Alkohol ist es aber noch nie zu nennenswerten Verletzungen gekommen.

Wegen seines geringen Körpergewichts bildet immer der Winfried die Spitze der Pyramide. Er hat sich aber jetzt wegen Widerstandes gegen die Staatsgewalt vor dem hiesigen Amtsgericht verantworten müssen.

In der zur Debatte stehenden Nacht wurde die Menschenpyramide lange nach der offiziellen Sperrstunde gebildet. Der Winfried hatte gerade seinen Platz als Obermann eingenommen und wollte das Zeichen zum Abschlußgesang geben, da öffnete sich die Wirtshaustür, und zwei Polizisten traten ein. Sekunden später wurde es unübersichtlich. „Der Angeklagte", schilderte einer der Polizisten den Überfall, „hodd vo dou drooma gschriea ‚obachd iich kumm', und nou hodder si aff miich draff falln loun. Iich woor vorübergehend bewußdlos vo den Aufbrall."

Der Winfried hielt den Vorwurf des Luftüberfalls auf einen Polizeibeamten für eine unverschämte Unterstellung. „Der is doch selber schuld, dassin am Kubf gfluung bin", teilte er dem hohen Gericht mit, „wall des is asuu, Herr Richder, als Undermann vo unserer Büramiidn schdäid der Gerch fesd aff alle zwaa Fäiß am Buudn. Affn Gerch schdenger der Willi und der Max, und affn Willi und in Max schdäi iich. Und mir haldn si nerdirli an die Händ fesd."

Nach Ansicht vom Winfried hätte der Polizeimeister lediglich das natürliche Ende des Turmbaues von Johannis abwarten sollen. „Obber der kummd rei", erinnerte sich der Angeklagte, „schreid in Willi oo ‚Schberrschdunde, die Ausweise bidde!' Und nou langd der Willi in die Huusndaschn, dasser sein Bersonalausweis rausdoud. Dou derbei hodder in Gerch sei Händ losglassn, der Gerch lässd mei Händ los – und iich bin nerdirli nou noogfluung. Genau aff den Bolli draff."

Das Gericht glaubte aber mehr den Ausführungen der Polizei und verurteilte den Winfried zu einer Geldstrafe von 3500 Mark. Zum Schluß sagte der verurteilte Tiefflieger zu dem Polizeibeamten: „Es doud mer wergli leid, Herr Bollizeibressidend. Obber in Zukunbfd schdeggi mer im Werzhaus immer an Fallschirm ei."

Die Rathaussperre – Pro und Contra

Wie man aus vielen Kanzlerreden, Ministerpräsidentenverlautbarungen und anderen hervorragenden Dokumentationen der Selbstdarstellung weiß, reden die meisten Menschen am liebsten über Dinge, von denen sie keine Ahnung haben. Das gilt für alle Lebensbereiche vom Abseits bis zum Jenseits, aber auch für eine der wichtigsten städtischen Fragen überhaupt, nämlich wie man am besten von der Bucher Straße in die Bindergasse kommt. Die vollständige Klärung dieser Frage ist jetzt vom Verkehrsrichter behandelt worden. Er hat die Antwort auch nicht gewußt, aber ein rechtskräftiges Urteil gefällt.

Die Hauptperson des Verfahrens war ein Helmut K., dem an einem hochexplosiven Spätfrühlingstag der Autofahrer Herbert S. in der Bucher Straße durch das geöffnete Wagenfenster zugerufen hat: „Horng'S amol, Masder, kenndn Sie mir soong, wäi mer dou am schnellsdn in die Bindergass kummd?" „Des is ibberhabbs ka Broblem", sagte der Helmut, „in welche Schdrass wolln'S?" „In die Bindergass!!" „Die Bindergass, die Bindergass", sinnierte Helmut, „wou issn edzer däi gleich widder?" „Ja des wolldi ja vo Ihna wissn", schrie der Herbert aus dem Auto.

Hinter seinem Wagen hatte sich schon eine ansehnliche

Schlange von Autos gebildet, die zwar nicht in die Bindergasse, aber weiterfahren wollten. Es hupte. Während der kurzen Grünphase an der Ampel fiel dem Helmut aber die Bindergasse wieder ein. „Ner fraali, die Bindergass“, sagte er erleichtert, während es an der Ampel erneut grün wurde, „des is normool ganz eimbfach. Dou foohrn'S edzer groodaus weider, nou in Berch noo, nocherdla am Haller Door links nei, am Haubdmargd vobbei. Und nou wäärn'S fasd scho in der Bindergass, wenn nedd die Roodhausschberr wäär. Also suu kenner'S nedd foohrn. Vuur zwaa Joohr häddn'S suu foohrn kenner, dou is am Roodhaus nunni gschberrd gween. Zu wem wolln'S nern nou i der Bindergass?“
Der Stau hinter dem Herbert hatte bereits eine Länge erreicht, daß die Bindergassen-Frage schon in Höhe der Ortschaft Kraftshof erörtert wurde und das gemeinsame Hupen an einen Probealarm der städtischen Katastrophensirenen erinnerte.
Der Herbert beteuerte vor Gericht, daß er schon längst weiterfahren hatte wollen. „Obber der Moo“, sagte er, „hodd sein Kubf in mein Audo herinner g'habd und hodd mer an Vuurdrooch iiber die Roodhausschberr g'haldn.“
Es stieg dann ein Autofahrer hinter dem Herbert aus, streckte seinen Kopf durch das Fahrerfenster, so daß sich nach kurzer Zeit am Herbert vorbei dieser Autofahrer und der Helmut über die Rathaussperre und die Bindergasse stritten. Der Autofahrer schrie vom Seitenfenster an der Fahrerseite ins Auto, der Helmut brüllte durch das Seitenfenster an der Beifahrerseite zurück, hinten hupte es. „Nou hobbi die Nervn verluurn“, sagte der Herbert vor Gericht.
Er hat von null auf fünfzig derartig beschleunigt, daß der Herbert seinen Kopf nicht mehr aus dem Fenster brachte und bis zum Friedrich-Ebert-Platz mitrennen mußte. Der Herr auf der linken Seite hatte sich rechtzeitig retten können.
Wegen der Nötigung zum Joggen muß der Herbert zwei Monate seinen Führerschein abgeben und tausend Mark Strafe zahlen. „Alles nerblous weecher dera Roodhausschberr“, kommentierte der damals leicht am Kopf verletzt gewesene Helmut und steuerte so wieder ein stichhaltiges Argument für die Sammlung der Rathaussperren-Gegner bei.

Aus der Welt der Bildung:

So lacht die Hängebauchgeranie

Immer noch gibt es vereinzelt Menschen, die nichts wissen über die Konstellation von Psi zu ihrem Jupiter-Rekonvaleszenten im dritten Saturnfenster, die keinen Schimmer haben von der Renaissance des Telemarkschwungs und die über keinerlei Kenntnisse verfügen, wie man eine Gehrungssäge mit Doppelnutvorrichtung bedient. Es dreht sich bei solchen ahnungslosen Deppen um Leute, die anscheinend jeden Früh um ihren Zeitschriftenladen einen weiten Bogen machen.

Infolge der ungeheueren Intelligenzzunahme der Menschheit gibt es heutzutage nämlich so viele Zeitschriften, daß man zum Kiosk unbedingt seine Sherpas mitnehmen soll. Ob jemand Klo-Schüsseln aus der Ming-Dynastie sammelt, im Keller Bierhefe züchtet oder seinen Ernährungsfahrplan auf panierte Junikäufer umgestellt hat – für jeden Problemkreis haben wir schon ein Zentralorgan, das uns wöchentlich einmal über die von uns bevorzugten Disziplinen informiert. Wer zum Beispiel daheim fünfzig Quadratzentimeter Blumenerde bewirtschaftet, der wird auf die Zeitschriften abonniert sein „Gärtnern – schwindelfrei", „So lacht die Hängebauchgeranie", „Das Landwirtschaftsministerium informiert", „Der Balkon in der Deutschen Rechtsprechung", um nur die wichtigsten zu nennen. Ein pensionierter Herr, der zweimal im Jahr am alten Kanal zum Angeln geht, wird auf jeden Fall „Der Wurm – überparteilich, hemmungslos, freireligiös" monatlich beziehen, weiters die Zeitschriften „Der Karpfen", „Im Wasser rührt sich was", „Mit der Forelle auf Du und Du", „Alles über den Schleierschwanz", „Die Hechtrolle – Gymnastik unter den Raubfischen" und vielleicht noch „Mit Haken und Schnaken".

Sollte dieser Naturfreund außerdem auch als Hasenzüchter tätig sein, ist für ihn die Lektüre des Fachblattes „Der Rammler" unerläßlich. Hinzu kommen dann noch die Flachzeitschriften über Häkeln, Klöppeln, Maschinenstricken, das Esoterik-Magazin „Patscher", Auto-Bild, Frauen-Bild, Sport-Bild und Body-Bild, und schon hat der Leser für den ganzen Winter genügend Heizmaterial. Wer es noch wärmer haben möchte, abonniert zusätzlich die Spezialschriften wie etwa das Gesundheitsorgan „Der Müsli-Mampfer", „Mein Deltamuskel gehört mir", „Schöner Bohnern" oder „Ein Herz für Hamster".

Falls jemand keinen Kachelzeitschriftenofen hat, soll er sich von der Stadtverwaltung die eigens für den dritten Bildungsweg geschaffenen Grünen Tonnen zuweisen lassen. Er kauft seine Zeitschriften und schmeißt sie sofort nach Erhalt in die Grüne Tonne. In ihr werden die Zeitschriften abtransportiert, in einer Wiederaufbereitungsanlage zu Papierbrei gestampft und erneut in schöne Hochglanz-Zeitschriften verwandelt. Nach vier Wochen hält der ungeduldig wartende Leser schon wieder seine neue Ausgabe von „Kotz – das Magazin für Spinatgegner" oder „Himmel, Arsch und Zwirn", das Diözesanblatt für die gesäßkranke Heimnäherin in Händen. Dieser Kreislauf von der Zeitschrift über die Grüne Tonne wieder zur Zeitschrift funktioniert inzwischen schon so schnell, daß einem dabei TV Hören und Sehen vergeht. Man nennt es Recycling oder auch Lesezirkel.

Aus der Welt der Germanistik:

Das In-Put im Outfit

Die Hintern im Biergarten beginnen schon kühler zu werden, der letzte Schluck Bier im Freien gleitet oft wie Soft-Eis durch die Gurgel, und am Dekolletee unserer Bedienung bildet sich aus verschiedenen Gründen Bodenfrost. Mit drei Worten: Es ist Herbst und höchste Zeit, sich an den langen Abenden wieder mehr mit anderen Kulturgütern wie nur dauernd Schlehengeist und Dr. Müller-Thurgaus Ode an die Leber zu befassen.

Wir sollen uns statt zwölf Seidlein Riedenburger Spezial lieber einer guten Lektüre zuwenden. Zum Beispiel den Werken jener Poeten, die uns jeden Früh durch die kostenlose und vollkommen uneigennützige Zusendung von zirka dreißig bis vierzig Pfund Modeprospekten geistig erbauen. Diese jungen Dichter und Wortschröpfer fühlen sich einer ehrwürdigen Tradition verpflichtet, denn schon ihr Vorgänger Johann Wolfgang von Goethe ist vor langer Zeit unter anderem durch die Niederschrift einer neuen Farblehre sehr berühmt geworden. Wieder ist es jetzt die Farbe, an denen sich die neue Generation wortgewaltiger Weichensteller mit Bravour erprobt.

Erst gestern sind wieder zwei neue Werke im Briefkasten gelegen, die im Stil der über uns hereinbrechenden Sturm- und Trank-Epoche verfaßt sind. Zur Einführung für den noch etwas unsicheren Leser steht dort: „Der besondere Top act heisst Colored Concept und präsentiert Sweats, Jeans und Shirts – das komplette Outfit-Programm." Gell, da schaust! Sodann wird der literarisch interessierte Mensch mit dem Colored Concept ohne Umschweife bekannt gemacht. Ein Hosenanzug in Bordeaux oder Petrol, eine Joy-Weste um 29 Mark 90 in Marine, Schlamm oder Ente und eine Baumwoll-Twill-Hose in Nougat. Eine Twill-Hose in Nougat – zarter, lyrischer kann man es fast nicht mehr ausdrücken, daß diese Second-Hand-Hose innerlich schon leichte Bremsspuren aufweist. Die Symbolik dieser sehr dezenten nougatbenetzten Twill-Hose erinnert fast an den Expressionismus eines gewissen Franz Werfel (1890 bis 1945).
Auf Seite sechs dieses Werkes möchte man selbst bei Anlegung strengster Maßstäbe fast schon von Perfektion sprechen, wenn der Dichter anläßlich der Schilderung eines Heavy Jersey Shirts um 29 Mark in den folgenden Farben schwelgt: Purple, Pink (mit der Pink-Höhle in der Fränkischen Schweiz weder verwandt noch verschwägert), Orchid, Bord, Rost, Messing und Pistazie. Es wird vielleicht nur noch von einem wattierten Bomberblouson in den Trendfarben Senf und Apple übertroffen. Da hat sich, um einmal mit Shakespeare zu reden, unsere Schulweisheit noch nichts davon träumen lassen, was es so alles zwischen Himmel und Erde, zwischen Hintern und Bundfalte, zwischen Wöhrl und K + L Ruppert alles gibt.
Bei Nylongecrinkelten Sweatshirts schließlich, in den Farben Pfirsich, Pflaume, Apfel, Aubergine, Brombeere oder Karotte kann man ohne Übertreibung schon eine gewisse Vollendung der dichterischen Schöpfung unterstellen. Ein solches Sweatshirt in Pfirsich, Pflaume, Apfel, Aubergine, Brombeere oder Karotte soll man nach dem Waschen zum Trocknen unbedingt in seinen Moulinex-Entsafter stecken. Sehr gelungen aber auch eine Jacke in Kitt, Erbse oder Fuchsia. Insgesamt möchte man vielleicht einen solchen Modeprospekt rein farblich als Käs bezeichnen.

Zimmer-friedensbruch

Häufig sind die Übernachtungsmöglichkeiten für einen betrunkenen Wandersmann im Bereich der Innenstadt völlig unzureichend. Auf einer Bank am Plärrer ist zwar unter Umständen gut Ruhen, aber nicht gut Schnaufen, denn dort ist der Schwefelgehalt der Luft zu hoch. Während bei den Schlafplätzen rund ums Rathaus der Schwafelgehalt oft schon besorgniserregende Werte erreicht. An den Ufern der Pegnitz muß man meistens sein Nachtlager mit Wanderratten teilen. So ist der Gelegenheitstrinker Heinz S., dem das nächtliche Heimkriechen bis nach Fischbach zu lästig war, nachts in einem 0,5-Sterne-Hotel unter Aufbietung aller vertikalen Kräfte einigermaßen aufrecht an der Rezeption erschienen und hat den Nachtportier in flüssigem Englisch angelallt: „Blies namber Du Dwendi Zri. Ei äm zimmli mäid!" Es hat bedeutet, daß er sich zur Ruhe begeben möchte und deswegen den Schlüssel für sein Schlafgemach Nummer 223 begehrt.

Jetzt ist er im Sitzungssaal 125 gestanden und hat sich wegen versuchter Bettenprellerei in Tateinheit mit verschiedenen Unflätigkeiten vor Gericht verantworten müssen.

Dieser Heinz S. hat aufgrund seines perfekten Englisch in jener Nacht den Zimmerschlüssel zwar ausgehändigt bekommen, aber etwa eine halbe Stunde später erhob eine ältere Dame beim Nachtportier erneut den Anspruch auf das Zimmer mit der Nummer 223.

Als der Portier der Dame in der Grandezza, für die Nürnberg berühmt ist, mitteilte: „Ihr Moo hodd in Schlissl scho miidgnummer. Der is ganz schäi bsuffn", da bat diese Dame, daß man sofort die Polizei verständigt. Denn sie ist ledig und hatte auch sonst keinen schwerangetrunkenen Mann gebeten, sich schon einstweilen in ihr Bett zu legen.

Ungefähr eine dreiviertel Stunde, nachdem sich Herr Heinz S. zur Ruhe begeben hatte, fand auf Zimmer 223 eine interessante Begegnung statt. Zwei Polizisten, ein Hoteldetektiv, ein Nachtportier und eine ältere Dame schrien auf diesen schwer schnarchenden Herrn ein, daß er aufwachen soll, weil er sich in Zimmer 223 und somit in einem Irrtum befindet. Lange blieben diese Bemühungen erfolglos, dann schlug Heinz S. die Augen auf. „Es doud mer wergli leid", sagte er vor Gericht, „dassi dou nou aweng ausfällich worn bin. Obber iich hob doch ibberhabbs nedd gwissd, wou i bin! Und nou schdenger aff amol an Haffdn wildfremde Laid vuur mir. Anner hodd gsachd, iich soll mi oozäing. Anner hodd gsachd, dassi a Wildsau bin und iich soll sorfordd es Waschbeggn sauber machn. Und däi Frau hodd mi dauernd oobrilld, dassi aus ihrn Kuffer rausgäih soll."

Als sich Herr Heinz S. endlich bequemte, den Koffer, den er irrtümlich für ein Bett gehalten hatte, zu verlassen, wurde er vorläufig festgenommen. Dabei hat er einen Polizisten, den er vermutlich mit dem Frühstück verwechselte, in die Hand gebissen.

Wegen der unerlaubten Anhäufung von Irrtümern wurde er zu einer Geldstrafe von 2400 Mark verurteilt. Daraus ist ersichtlich, daß sich auch in Nürnberg die Hotelpreise den allgemeinen Steigerungsraten nicht ganz entziehen können.

Im Eimer ist die Freiheit grenzenlos

Die Freiheit ist bekanntlich das höchste Gut des Menschen. Es ist sogar so hoch, daß man auch auf Zehenspitzen oder mit einer Leiter nicht an sie hinkommt. In den Genuß der vollkommenen Freiheit gelangt der Mensch meistens erst bei seinem Ableben. Der Karlheinz, ein Mopedfahrer und Kleingärtner, gehört zu den Befürwortern der entgegengesetzten Lehre, daß sich die Freiheit nicht nur irgendwo im Nirwana befindet, sondern unter anderem auch in der Gegend von Gebersdorf. Er forscht auch viel über das wichtige Freiheitsthema Freibier.

Seine Liebe zur Unabhängigkeit setzt er dadurch in die Praxis um, daß er entgegen den polizeilichen Vorschriften auf dem Moped ohne Sturzhelm fährt. Wie er bei Aristoteles nachlesen hätte können, ist ihm seine Freiheitsliebe jetzt zum Verhängnis geworden, denn er hat sich in dem ewigen Dilemma zwischen irdischer Losgelöstheit und Angst vor der Obrigkeit befunden, in Verbindung mit vier Maß Freibier. Dieser Karlheinz hat an einem milden Maitag in seinem

Schrebergarten fünf Pfund Spargel gestochen, diese in einem Plastikeimer auf seinem Mopedgepäckständer verstaut, und ist, vollgetankt mit den schon erwähnten vier Maß Bier, heim nach Schweinau gebraust. Daß er statt daheim in der auf dem Gehsteig sorgfältig aufgebauten Auslage eines Gemüseladens gelandet ist und dabei einen deutschen Schäferhund angefahren und einen Polizisten beleidigt hat, hat er vor dem Verkehrsrichter so erklärt: „Iich sich aff aamol in mein Riggschbiegl a Bollizei-Audo. Und nou is mer eigfalln, daß iich ja kann Helm aaf hob. Des kosd nemli värzg Marg. Und nou hobbi geisdesgeengwärddich nach hindn glangd, es Blasdiggaamerla baggd und gschwind iibern Kubf zuung. Als Helm."
Der Integralhelm saß infolge der fünf Pfund Spargel ziemlich hoch, aber doch noch so tief, daß der Karlheinz plötzlich nichts mehr sah. Er verlor im Inneren des Eimers die Übersicht, rumpelte in voller Fahrt über den Randstein, streifte mit dem Vorderreifen einen aufjaulenden Schäferhund und flog anschließend in einem eineinhalbfach geschraubten Salto vorwärts in die als Knautschzone aufgebauten Kisten mit Kopfsalat, Holland-Tomaten, Gurken, Rettich, Radieschen und Zwiebeln.
Als der eine Polizist aus dem Streifenwagen den Moped-Artisten fragte, ob er vielleicht nicht mehr alle Tassen im Schrank hat, und er soll auf der Stelle seine Papiere vorzeigen, antwortete der Karlheinz dumpf aus dem Plastikeimer: „Iich wer der glei Babiere geem! Wennsd miid hammgäisd, nou konni der a Aboddbabier zeing – aff besonderen Wunsch aa leichd gebrauchd! Sooch mer läiber, wou i bin, du Doldi!"
Auch die Entschuldigung, daß er nur wegen des tief über die Augen gezogenen Eimers einen Polizeiobermeister irrtümlich als Doldi bezeichnet hatte, nützte dem Karlheinz nichts. Wegen Fahrens mit einem Plastikeimer und mit vier Maß Bier, wegen Sach- und Tierbeschädigung und Beleidigung wurde er zu drei Monaten auf Bewährung und einer Geldbuße von 1200 Mark verurteilt. „Ich verschbrechs Ihna, Herr Richder", sagte der Karlheinz noch, „des kummd nemmer vuur, wall iich hob in mein Aamer edzer zwaa Löcher für die Aung neigschniidn."

Mensch oder Maschine?

Ähnlich wie der Naturwissenschaftler mit seinem unermüdlichen Forscherdrang will auch der Erwin, ein vorläufig noch nicht mit dem Nobelpreis ausgestatteter Herr aus der Südstadt, den Dingen auf den Grund gehen. Bei Naturwissenschaftlern endet das Forschen meistens mit segensreichen Erfindungen wie etwa der Wasserstoffbombe, dem Ozonloch oder der Entdeckung des Siedepunktes der Menschheit. Man erhält dafür die Honorar-Professorenwürde. Der Erwin hingegen ist für seine Aufklärungsarbeit auf dem Gebiet der Elektroniksteuerung eines Menschen mit einer hohen Geldstrafe ausgezeichnet worden.

Er ist an einem Freitag nachmittag in der gnadenreichen Zeit zwischen Feierabend und Stammtisch über den Aufseßplatz flaniert, hat plötzlich sphärenhafte Klänge vernommen und auf einem Plakat gelesen: „Mensch oder Maschine??! Mann oder Computer – wer weiß es genau? Kommen Sie, sehen Sie, staunen Sie!! Wer löst das Rätsel?“

Und zu den überirdischen Klängen aus einem Cassettenrecorder ist ein anscheinend versteinerter Mann im schwarzen Anzug gestanden und hat sich plötzlich in sehr eckige Bewegungen versetzt. „Uierlaa, a Robodder“, hat eine Dame unter den erstaunten Zuschauern gesagt. „Ja“, hat der Erwin geantwortet, „der werd bam Siemens in Erlangen serienmäßich hergschdelld. Woohrscheins isser bam Dransbord ausn Lasdwoong rausgfluung, und edzer kennder si nemmer aus.“ Das rätselhafte Wesen ist mit abgehackten Schritten genau auf den Erwin zugegangen, hat manchmal eine genau abgezirkelte halbe Drehung vollführt, einen Arm in die Luft geschnellt oder mit dem nicht ganz fest angeschraubten Kopf kurz genickt. Plötzlich ist er vollkommen still gestanden, auch im Gesicht hat man nicht den kleinsten Hauch einer Regung feststellen können. Aus dem Lautsprecher sind während des Stillstandes die Worte von der schriftlichen Mitteilung wiederholt worden: „Mensch oder Maschine? Mann oder Computer – wer weiß es genau? Kommen Sie, sehen Sie, staunen Sie! Wer löst das Rätsel?“

Daraufhin hat sich der Erwin zur Lösung des Rätsels endgültig entschlossen und die Menschenmschine angeschrien: „Du wersd mer a ganz schäiner Doldi sei! Leffd dou ummernander wäi der Käthe Kruse ihr Elegdro-Dschogger und maand, mir glaam den Grambf!“ „Horng’S, des is fei glaabi wergli a Robodder“, verteidigte die Dame neben dem Erwin den geheimnisvollen Puppenmenschen. „Des wer mer edzer glei hoom“, sagte der Erwin, stellte seine Aktentasche auf den Boden, holte mit der rechten Hand weit aus und schmierte dem immer noch regungslos vor ihm stehenden Maschinenmann eine, daß in der Puppe sofort das menschliche Leben erwachte.

Der Roboter schrie „Du Dreegsau, du dreggerde“ und hielt den Erwin bis zum Eintreffen der Polizei im Schwitzkasten fest. Wegen der Aufklärung des Rätsels „Mensch oder Maschine“ muß der Erwin eine Geldstrafe von 900 Mark zahlen. Der Amtsrichter riet ihm außerdem, er solle in Zukunft Welträtseln dieser Tragweite aus dem Weg gehen.

Auf einem Bein nach Lichtenhof

Aus dem Bereich des Show-Bussiness kennt man den lachenden Vagabunden, den singenden Polizeiobermeister oder den jodelnden Japaner. In diese Reihe von doppelbegabten Menschen kann man jetzt auch den hüpfenden Weinvertreter Walter K. aufnehmen. Dieser Walter ist in einer mondhellen Nacht vom Freitag auf den Samstag an seinem rechten Sprungbein schwer mißhandelt worden und hat deswegen seinen Freund Reinhard wegen einer fünf Kilomneter langen Körperverletzung anzeigen müssen.

An sich ist der Walter an dem erlittenen Meniskusschaden, einer Bänderdehnung und einem Muskelfaserriß, wie man es sonst nur von Fußball-Profis kennt, selber schuld. Denn seit fast zwanzig Jahren pflegt er mit seinem Freund am Freitag etwa zehn bis zwölf Seidlein Bier zu zischen, dann zum Abschluß noch einmal auf die Toilette zu gehen, wo er ihm während des langatmigen Bieselns regelmäßig einen Tritt in den Hintern versetzt. Immer droht daraufhin der beidhändig beschäftigte Reinhard, daß er sich gleich rächt.

Aber in den vergangenen zwanzig Jahren hat er dann stets auf die Rache vergessen. Am nächsten Freitag hat es wieder einen ordentlichen Tritt gesetzt. So war es auch an dem Freitag, der vor dem Amtsgericht verhandelt werden hat müssen. Es ist dieses Mal allerdings anders ausgegangen. Nach dem ersten

Tritt sagte der Herr Reinhard, der durch die Erschütterung am Hintern mit dem Kopf gegen die Kacheln von der Toilettenwand geflogen ist: „Wennsd edzer nu aamol heerhausd, nou konnst obber wos erleem.“ Der Walter wollte auf jeden Fall noch was erleben und trat seinen Freund kurz danach am Gehsteig vor dem Wirtshaus noch einmal.
Da packte der Reinhard blitzschnell den rechten Fuß vom Walter. „Und nou“, sagte er als Zeuge vor Gericht, „nou isser fei hammganger, Herr Richder.“ Der Herr Amtsgerichtsrat hielt es allerdings für nichts sonderlich Bemerkenswertes, wenn jemand nachts um zwei Uhr beschließt, heimzugehen. Daraufhin gab der Walter aber doch zu bedenken: „Ja der wohnd obber fei in Lichdnhuuf. Und unser Werzhaus is in der Ziddi! Und suu weid is der hammgloffn.“ Das könne er ihm nicht verdenken, sagte der Richter, wenn er in Lichtenhof wohnt und deswegen auch nach Lichtenhof läuft. „Ja fraali wär des nedd suu schlimm gween“, schrie der Walter, „obber des sin goud und gern fimbf Kilomeeder! Und fimbf Kilomeeder lang hodd der mei rechds Baa in der Händ g'habd! Und iich hob vom Werzhaus bis nach Lichdnhuuf aff an Baa hubfn mäin!!“
So sah man also im Mondschein ein sehr seltenes Bild. Der Reinhard rannte, so schnell er konnte, durch die Vorstadt, hatte ein Bein seines Freundes fest in der Hand, und der Weinvertreter hüpfte hinterher unter dumpfen Schmerzensschreien, die an die Brunftrufe eines Bisons erinnerten. Einen Zeugen gab es auch. Der sagte: „Iich hob gmaand, der Moo hodd in Diergarddn a Känguruh gschdulln.“ Daheim vor seiner Haustür ließ der Reinhard den hüpfenden Weinvertreter dann los. „Obber iich wohn ja middn in Zabbo!“ teilte er dem Herrn Rat noch mit: „Ja und?“ fragte der Richter zurück. „Ja wos hassd dou ‚Na und‘“, meckerte der Walter, „edzer ist des rechde Baa dodaal im Orsch gween, und iich hob nach Zabbo affn lingn Baa widder hubfn mäin!“
Wegen versuchten Beinausreißens wurde der Reinhard zu einer Geldstrafe von 700 Mark verurteilt. „In suu an Fall“, sagte der Zeuge am Schluß zum Walter, „is nichd verkeerd, wemmer Rollschuh oohodd. Nou häsdi schäi gemiidlich als Anhänger hammzäing loun kenner.“

Aus der fränkischen Gastronomie:

Die Fisch- und Ganspartie

Die finsteren bis besinnlichen Feiertage wie der Buß- und Bettag, der Volkstrauertag, Allerheiligen, Allerseelen oder Allersberg fallen alle in den November, so daß uns dieser Monat höchstens durch die freiwillige Zuwendung der Weihnachtsgratifikation erfreut. Ein kurzer Blick auf die dadurch entstehenden steuerlichen Abzüge versetzt uns aber sogleich wieder in die besinnliche Grundstimmung des November. Die einzige Freude, die uns in diesem Trauermonat noch verbleibt, ist die Teilnahme an einer sogenannten Fisch- und Ganspartie.

Eine Fisch- und Ganspartie beginnt damit, daß man sich mit seiner sechsköpfigen Familie in einem verträumten Landwirtshaus befindet, wo überschlägig schon vierzehn bis fünfzehn andere sechsköpfige Familien als Anwärter auf einen Sitzplatz in der engeren Auswahl stehen. Die geringfügige Wartezeit von etwa drei Stunden vertreibt sich der versierte Fisch- und Ganspartie-Teilnehmer durch kleine, unterhaltsame Streitereien mit Gästen, die bereits im Besitz eines kleinen Gesäßgrundstücks sind. Zum Beispiel empfiehlt man einer Dame, daß sie jetzt das Abkiefen und Zutzeln ihres Gänsschlegels langsam einstellen und ihn zur weiteren vollkommenen Reinigung zwei Wochen lang in einen Ameisenhaufen legen soll.

Durch diesen Hinweis erhebt sich der Ehemann des weiblichen Nagemenschen und will uns mitteilen, daß wir sofort die Waffel halten sollen. Dieser Herr hat aber nicht bedacht, daß beim hastigen Verzehr eines Karpfens äußerste Vorsicht geboten ist. Es legt sich bei ihm im Hals eine Gräte quer, er läuft im Gesicht blau an, die Frau Gemahlin beugt sich nach Müllerin Art über ihn, draußen fährt der Notarzt vor, schon sind zwei Plätze frei geworden.

Höchstens eine Stunde später prangt vor uns der frisch betonierte Kartoffelsalat mit den unverwüstlich roten Paprikastreifen kunsthandwerklich verschnörkelt. Man hat auf nüchternen Magen schon vier Schoppen Zuspätlese eingewiesen, und der Karpfen muß jeden Augenblick kommen, wie ein Kellner, ausgestattet mit dem Aktionsradius eines Bundesliga-Torpfostens, seit einer Stunde eidesstattlich versichert. So wird aus dem sorgfältig geplanten Mittagessen ein Nachtmahl.
Der Abendstern steht am Himmel, der Mond geht auf und der Kellner raunt uns vertraulich zu: „Sie wern lachn – obber Karbfn is aus." Und schon schmeißt er uns statt dessen gekonnt einen Gänsebraten mit Gem. Sal. und Gumm. Kloß auf den Tisch, daß wir vor Schmerzen im Schritt laut aufbrüllen. Dieser Urschrei ist ein gutes Zeichen, denn er kündet davon, daß die übergeschwappte Soße siedendheiß war.
Nach einem halbstündigen zähen Ringen zwischen uns und der Gans, das nach Überzeugung der Tischnachbarn unentschieden ausgegangen ist, wählen wir den freien Stil, stellen uns mit einem Ellbogen auf die Gans und packen sie mit zwei Händen am Knorpel. Die Detonation beim Reißen ihrer Achillessehne ähnelt dem Urknall, durch den seinerzeit die Erdkugel entstanden ist. Das Abbild dieser Erdkugel, der rohe Kloß, hüpft während der Achillessehnenoperation am Teller auf und nieder, springt auf den Boden und jumpt wie von einem Trampolin katapultiert wieder auf den Teller zurück. Ein Kunststück, das in dieser Perfektion nur fränkische rohe Klöße beherrschen.
Das auf unserem Teller befindliche Stück Gänselederpastete erzittert bei einem weiteren Angriff mit unserem als Geheimwaffe eingesetzten Schweizer Offiziersmesser zwar bis in die Grundfeste, aber es gibt nicht auf. „Des verschdäih iich nedd", sagte der Kellner beim Abtransport seines Dauerbraten, „des woor fei eine brämierde Goons. Däi hodd sugoor a glanne Blechmargn am Baa hiizwiggd g'habd." „Des konn scho sei mid dera Blechmargn", sinnieren wir erschöpft von der Auseinandersetzung mit der fränkischen Kampf-Gans, „Des werd es goldene Schbordabzeing gween sei."

Für den Naturfreund:

Himmlische Hörscharen

In der schönen Spätherbstzeit schnürt es uns wegen der jetzt wieder stattfindenden Smog-Alarme hin und wieder nicht nur den Hals zu, sondern auch der Wandersmann verstärkt seine dreifach polithylengeschäumten Trekking-Stiefel, von denen aus er dann sehr schön die Herbstfärbung in der Natur beobachten kann. Jeder halbwegs ausgebildete Wanderer kennt selbstverständlich das ergreifende Wanderlied „Wer recht in Freuden wandern will..." von einem gewissen E. Geibel (1839). Dieser E. Geibel hat in seinem vierten Vers gedichtet: „Und plötzlich läßt die Nachtigall im Busch ihr Lied erklingen. In Berg und Tal erwacht der Schall und will sich aufwärts schwingen." Dieser von E. Geibel also bereits 1839 in hellseherischer Fähigkeit erwähnte Schall will sich seit einiger Zeit schon in Berg und Tal nicht nur aufwärts schwingen, sondern auch abwärts. Und zwar in den eigens dafür ausgewiesenen Tieffluggebieten, die auf Anweisung unserer Oberbefehlshaber sich zum Beispiel im Altmühltal, in der Fränkischen Schweiz oder im Veldensteiner Forst lieblich in die Landschaft einbetten. Dort stößt der herbstliche Wandersmann und selbstverständlich auch die Wandersfrau neben Eichelhäher, Fink, Meise, Elster und Zaunkönig auch auf den tieffliegenden Tornado (tornadus arduus volans). Auch gibt es auf den Wanderstrecken noch den Star, sofern er nicht schon nach Afrika abgezwitschert ist, hingegen nicht mehr den mit ihm verwandten Star-Fighter, der trotz vieler Bemühungen seitens des Flieger- und Vogelschutzbundes ausgestorben ist.

Dafür haben wir Wanderer aber den Tornado, der uns stets wie ein guter Freund begleitet. Natürlich gibt es Menschen, die an diesen possierlichen Tieffliegerlein dauernd rummekkern und demonstieren, daß sie zu laut sind und zu tief. Sie haben durch ihre Proteste glücklich erreicht, daß sie mittags nicht mehr fliegen dürfen. Wer also den Tornado in der freien Natur noch erleben will, wie der darin sitzende Pilot in majestätischer Geschwindigkeit die Landschaft zu unserer Sicherheit und Vorwärtsverteidigungsbereitschaft sorgfältig beobachtet, ja sogar Ameisen dabei erspäht und vierblättrige Kleeblätter von dreiblättrigen unterscheiden kann, der muß früh aufstehen oder in den Nachmittag hineinwandern. Mittags kriegt er ihn leider nicht mehr zu Gesicht und zu Gehör. Wir haben es den Fluglärmgegnern zu verdanken, daß wir mittags vergeblich nach einem Tornado spähen oder auf sein Gurren in der Luft lauschen. Immer noch hört man aber vor allem in ländlichen Gegenden schrill ausgestoßene häßliche Worte beim Vorbeiziehen eines Tieffliegers wie etwa „Herrgoddssaggramendnumolneischeißfliichergschissner!“.
Dabei handelt es sich um den ehr- und ohrenverletzenden Fluchlärm, gegen den endlich auch einmal eingeschritten werden muß.
Solange es die himmlischen Hörscharen noch gibt, sollen wir uns an ihnen still erfreuen. Gibt es denn für einen Wandersmann etwas Schöneres und Erhabeneres, als daß er sich beim Nahen eines Tornadogeschwaders behend und hurtig in den nächsten Straßengraben oder in einen leeren Dachsbau wirft, eng mit der geliebten Heimaterde verbunden? Eine der glitzernden Schwingen streift wie verträumt seine Zipfelmütze, das Trommelfell platzt. Danach erinnern wir uns an die altchinesische Tieffliegerweisheit mit den drei Affen: Nichts sagen, nichts sehen und überhaupt nichts mehr hören. Wer allzu empfindlich gegen die anmutig plätschernden Schallwellen ist, dem raten wir jetzt für die anstehenden Herbstwanderungen halt in Gottes Namen zu einem tragbaren Lärmschutzwall. Er kann bei jeder Kreisch-Geschäftsstelle des Ohrenschützerverbandes angefordert werden. In Berg und Tal erwacht der Schall, er will sich aufwärts schwingen.

Die Christa als Pizza

Wenn in England ein Mensch für einige Sekunden stehen bleibt, bildet sich sofort hinter ihm eine Schlange, die auf einen Omnibus, auf ein Taxi oder auf überhaupt nichts wartet. In diesem Land regiert die Höflichkeit. Was man von Gibitzenhof im Herzen der Nürnberger Südstadt nicht sagen kann. Dort hätte an einem Samstagmittag vor der Kasse eines Supermarktes auch eine Schlange gebildet werden sollen, aber eine Dame namens Christa hat sich unter dem Vorwand, daß daheim die Kinder schreien, die Kartoffeln anbrennen und der Mann am Sofa schon dem Hungertod nahe ist, mit ihrem Einkaufswagen vorbeigedrängt.

Beinahe hätte sie es geschafft, daß sie das biblische Motto „Die Letzten werden die Ersten sein“ in die Tat umsetzt. Aber sie hat nicht mit dem Ehepaar Gisela und Heinz gerechnet. Die Gisela tippte der pressanten Christa von hinten leicht auf die Schulter, daß sie eine Schlüsselbeinprellung erlitt und machte sie mit den höflichen Worten „Schau, dassdi hindn ooschdellsd, du Sulln“ darauf aufmerksam, daß sie nicht an der Reihe ist.

Die Christa antwortete ebenfalls mit der feinen Gibitzenhofer Art: „Hald dei Maul, alde Schlambn." Genau konnte man nicht mehr rekonstruieren, ob die Gisela der Christa zuerst die Flasche Weichspüler auf den Kopf knallte, oder ob der Christa ihr Hieb mit der zwei Pfund schweren Rohwurst vorher erfolgte. Sicher war allerdings, daß die Christa auf verlorenem Posten kämpfte, denn die Gegenpartei war zu zweit.

Der Heinz kam sofort seiner bedrängten Gattin zu Hilfe, hob die Christia in die Höhe und setzte sie in den Einkaufswagen. Danach litt diese Dame vor allem unter dem vielfältigen Angebot des Supermarktes. „Däi Frau", sagte sie jetzt als Zeugin vor Gericht, „zäichd aaf aamol aus ihrn Wäächala a Familienflaschn Kedschabb raus. Und nou hodds es Käbserla roogschraubd und schidd des ganze Kedschaab iiber miich driiber!"

Die Zuschauer in den hinteren Reihen, die den Hergang der kleinen Diskussion nicht ganz mitbekommen hatten, gaben schon nach hinten weiter, daß es sich um eine furchtbare Bluttat handelt. Indessen verschmierte der Heinz im Gesicht der Christa 250 Gramm Landleberwurst; seine Gattin schüttete zwei große Plastikbecher Fleischsalat drüber, Leimer's Semmelbrösel, zehn frische Landeier, verrührte das Ganze mit einer Kaltpressung von italienischem Olivenöl und schmeckte es mit einem halben Liter Kefir ab. Die amtsärztlich attestierte Gehirnerschütterung rührte wahrscheinlich von einer Wassermelone her. „Also suwos", sagte ein Zeuge, „suwos hobbi nunni gseeng. Däi Frau in ihrn Wäächala hodd ausgschaud wäi ba uns in der Werdschafd die Bizza Schbeziale um zwelf Marg achdzig. Aff dera woor wergli alles draff, wos mer si denkn konn."

Wegen Körperverletzung und dem Marinieren und Panieren eines Mitmenschen wurden Heinz und Gisela zu jeweils 2500 Mark Geldstrafe verurteilt. „Es schlimmsde woor mei Moo", vertraute danach die Christa ihrem Rechtsanwalt noch an, „wäi iich vo oomer bis undn mid Kedschabb, Leberworschd und Fleischsalood eigschmierd hammkummer bin, drehder si vom Sofa rum und sachd ‚Was hosdern edzer dou fiir a schbinnerds Kleid kaffd?'"

Das fahrbare Gartenhaus

Wie jeder Kleingartenbesitzer weiß, bietet eine Kohlrabi-Kolchose nur dann einen befriedigenden Anblick, wenn mitten in ihr ein hübsches Gartenhäuschen ruht. So ein Nut- und Feder-Bretter-Bungalow hat allerdings einen entscheidenden Nachteil. Sein Kauf hängt unweigerlich mit schweren finanziellen Entbehrungen zusammen.
Der Helmut, der im Süden der Stadt 200 Quadratmeter Wüste fruchtbar gemacht hat, kann vom Preisgefüge der Sperrholzindustrie ein Lied singen. Er hat sich ein Häuschen ausgesucht, das mit allen Extras fast dreitausend Mark gekostet hätte. Wochenlang ist der Helmut um dieses Kleinod des Gartenhaushändlers herumgeschlichen.
Dadurch ist sein Geld nicht mehr geworden. Aber der Wunsch ist in ihm bis ins Unermeßliche gewachsen, daß er dieses Haus haben muß. Mitangeklagt war jetzt sein Schrebergarten-Kollege Herbert.
„Des Haisla“, sagte der Helmut vor Gericht, „des is scho seid

zwaa Joohr dorddn gschdandn. In Wind und Wedder, Herr Richder. Nedd amol a gscheide Dachbabbn is draff gween. Normool wär des in die nexdn boor Dooch goor verfauld. Wenns mir nedd miidgnummer häddn."
In einer finsteren Märznacht schlichen die zwei Feierabend-Immobilienhändler zu dem Baumarkt, wo das bemitleidenswerte Gartenhaus außerhalb der Umzäunung stand. Die zwei Kleingärtner wuchteten das Haus auf vier mitgebrachte Rollen, wie man sie auch beim Möbeltransport verwendet. Der Helmut war mit einem Strick an der Vorderseite zum Ziehen eingeteilt und der Herbert hinten zum Schieben.
Es war nachts um zwei und der Himmel mondlos. „Mir häddn scho zoohld", sagte der Helmut, „obber dou is ka Mensch an der Kasse gween." Der Herr Rat bat den Angeklagten streng, das Blödeln einzustellen.
Einen Kilometer hatten die zwei mit ihrem Gartenhaus auf der glücklicherweise sehr ebenen Straße schon zurückgelegt, und sie hätten es unter Umständen bis in die Gartenkolonie geschafft. „Aff aamol", sagte der Helmut, „doud des einen Schlooch, mir fläichd a Fensterloodn ganz gnabb am Kubf vobbei und die anne Hauswänd hodds dodaal zerschbreißld. Is uns aff dera Greizung der Doldi vonnern Audofoohrer vull ins Haisla neigfoohrn."
Als die Polizei den Auffahrunfall mit Gartenhaus aufnehmen wollte, waren die Chauffeure des Häuschens verschwunden. „Obber mir homs nou scho gfundn", berichtete einer der erstaunten Polizisten, „däi sin alle zwaa underm Dach vo den Garddnhaisla im Gebälk drinner g'hängd wäi die Glammeraffn." Sehr überrascht war auch der als Zeuge geladene Autofahrer.
„Iich bin vo der Nachdschichd hammgfoohrn", sagte er, „kumm an däi Greizung hii und denk mer nu ‚No, dou is doch gesdern nu ka Kiosk gschdandn' und nou hodds scho gschebberd."
Wegen unerlaubten Fahrens mit einem Gartenhaus in Tateinheit mit bargeldlosem Zahlungsverkehr wurden der Helmut und der Herbert zu jeweils 1500 Mark Geldstrafe verurteilt. „Obwohl daß mir unschuldich sin", maulte der Herbert noch, „wall unser Garddnhaisla is vo rechds kummer."

Die Hosenbremse

Radfahren ist gesund, schont auf vorbildliche Weise die Umwelt und geht immer noch schneller als die Fortbewegung zu Fuß. Infolge des Genusses verschiedener Biere haben sich diese eindeutigen Vorzüge des Radelns bei einem Herrn Erwin in einer milden Sommernacht nicht mehr aufrechterhalten lassen. Er hat sich äußerst ungesunde Schürfwunden zugezogen, ist am Ende sehr langsam vorwärts gekommen und hat außerdem noch in schamverletzender Weise seine Umwelt belastet. Er ist wegen seiner eigenartigen Radtour jetzt vor Gericht gestanden.
Der Erwin ist an jenem Abend nicht mehr ganz nüchtern in der Innenstadt aus dem Gasthaus getaumelt, hat sich durch mehrmaliges tiefes Einatmen notdürftig fit gemacht und ist nach mehreren Versuchen endlich auf seinem Fahrrad gesessen. „Iich hädd", sagte er vor Gericht, „iich hädd däi weide Huusn nedd oozäing solln. Nou wäär nemli ibberhabbs nix bassierd, Herr Richder." Entweder durch einen leichten Seitenwind oder durch eine zu flache Kurvenlage zog sich diese weite Hose nämlich bereits nach wenigen hundert Metern kurz nach Passieren des Rathauses in die Fahrradkette und den Erwin riß es mit einem gewaltigen Ruck in die Tiefe des städtischen Kopfsteinpflasters.
Ein paar Minuten lang war der Radler durch das Inkrafttreten der Hosenbremse und den damit zusammenhängenden Sturz

stark benommen. „Wäi iich nou langsam widder an Iiberbligg g'habd hob", erinnerte er sich, „hobbi mei Huusn aus der Keddn widder rauszäing wolln. Obber däi hodd si kann Millimeder griird."
Wie bei derartigen Unfällen üblich, watschelte er ein paar Meter in gekauerter Haltung, die Hose in der Kette, neben dem Fahrrad her. Doch bei dem Befreiungsmanöver rührte sich weder die Kette, noch die Hose. Der Erwin knallte während dieses Befreiungsversuches wieder auf die Straße. Diesmal war er über seine bereits in der Kniekehle befindliche Hose gestolpert. „Ja wos häddin nou machn solln", schilderte er den weiteren Fortgang, „iich bin hald nou aus meiner Huusn rausgschlubfd und hob gschaud, obbi jemand siech, der wou zufällich an Zwölfer Schraumschlissl eischdeggn hodd. Dassi die Bendaler aafmachn koo."
Dafür, daß er aus der eingezwickten Hose geschlüpft ist, hätte der Richter noch Verständnis gehabt. „Aber warum", fragte das hohe Gericht, „warum ham'sn dann Ihr Underhuusn aa nu auszuung?" Das wußte der Erwin auch nicht so genau.
Jedenfalls stand in dieser Nacht plötzlich vor einer gewissen Frau Hilde, die gerade ihren Dackel spazieren führte, ein vom Gürtel abwärts vollkommen entblößter Herr, in der linken Hand ein Fahrrad, in der rechten Hand etwas ganz anderes als ein Fahrrad und stöhnte aus Unterleibeskräften. „Mer werd doch nu aweng schdöhner derfn, wemmer aff die Goschn gfluung is", machte der Erwin geltend. Er soll aber auch obszöne Äußerungen von sich gegeben haben. „Fraali hobbi Äußerungen von mir gegeben", sagte er, „und zwoor hobbi däi Frau gfrouchd, obs an Zwölfer Schlissl derbei hodd."
Die Hilde hatte aber nur ihren Hausschlüssel dabei, flüchtete sich damit in ihre Wohnung und alarmierte sofort die Polizei. Die hatte dann von einer eingeklemmten Hose nichts entdekken können.
Das Schlüsselerlebnis kam dem schon vorbestraften Erwin auf eine Geldstrafe von 3600 Mark. „Und montiern Sie sich halt einen Kettnschutz ans Fahrrad", riet der Richter dem Erwin noch. Was einen Zuhörer zu der Bemerkung veranlaßte: „Am besdn wäärs – direggd vuurs Huuserdiirla."

Der Wespenschützer

Nicht immer können zwei so scheinbar gleichwertige Vorhaben wie der Tierschutz und der Menschenschutz in Einklang gebracht werden. Ein Beispiel dafür ist ein Herr Josef, der nach eigenem Bekunden erst kürzlich für zwanzigjährige Mitgliedschaft beim Tierschutzverein mit der Ehrennadel in Weißblech ausgezeichnet worden ist, und jetzt wegen schwerer Körperverletzung vor Gericht stand. Dieser Josef hätte einem dem Tierschutz weniger aufgeschlossenen Max beinahe den Kopf in zwei Hälften geteilt.
Der Max ist an einem wohltuenden Sommerabend in einem Gartenrestaurant gesessen, vor sich ein Weizenbier und eine Wurstplatte am Holzbrett, neben sich den ihm bis dahin unbekannten Tierschützer Josef. Der Josef stillte seinen Hunger mit einer Portion Preßsack, ebenfalls am Holzbrett kredenzt. Als dritte Gästegruppe kam dann noch ein größerer Schwarm Wespen zum Abendessen. Ungefähr zwanzig dieser possierlichen Mitesser schlug der Max mit Gabel, Serviette und der zusammengefalteten Zeitung nieder.

Daraufhin belehrte ihn der Josef: „Loun'S doch däi Websn in Rouh! Däi denner doch nix, wemmer ihner nix doud. Des sin Lebewesn wäi Du und Ich. Jeednfalls sins nedd dou derzou, daß Sie ihner die Zeidung am Kubf naafhauer." „Asuu a bläids Gschmarri", erwiderte der Max, „iich hob mer mei Worschdbladdn fiir mich zon Oomdessn beschdelld und nedd zur Wildfüdderung. Und erschd gesdern hobbi gleesn, daß a Audofoohrer von anner Websn döödlich gschdochn worn is!" Plötzlich flog dem Tierschützer Josef die Brille von der Nase, denn der Max hatte ihn mit der gefalteten Zeitung getroffen. „Gligg g'habd", sagte der Max, „wall aff Ihrer Noosn is a Websn g'hoggd."

Im Weizenbier schwammen auch bereits einige dieser gefährlichen Pyranhas der Lüfte, worauf der Max das ziemlich große Brotzeitbrett als Mucknpatscher benützte und damit wie wild um sich schlug. „Sie solln edzer aafheern", brüllte der Josef, „däi Dierla wern ja ganz verriggd mid ihrn Ummernanderfuchdln." Patsch machte es, und der Tierschützer erhielt als Antwort auf seine Beleidigung die Breitseite des Vesperbretts auf den Backen. Dabei erwischte er auch Weizenbier und Frankenwein vom Josef. Beide Getränke mischten sich und liefen dem Tierschützer in den erstaunten Schoß. „Entschuldichung", sagte der Max, „obber aff Ihrn Baggn sin zwaa Websn g'hoggd."

Daraufhin griff der Josef ebenfalls zum Vesperbrett. „Iich hob nix andersch gmachd", verteidigte er sich jetzt vor Gericht, „wäi mei Nachber, und hob nern mid den Breddla anweng am Kubf naafg'haud." „Ja, scho", erwiderte der Max, „obber der hodd sei Breddla houchkand gnummer und higg'haud wäi a Hulzhagger." Wie der Max auf der Sanitätsbahre kurz zu sich kam, hörte er den über sich gebeugten Nachbarn murmeln: „Ummer Hoor häddi die Websn aff deiner Schdirn derwischd."

Das Gericht verurteilte den Josef wegen des Mißbrauchs eines Vesperbretts hochkant zu einer Geldstrafe von 1800 Mark. „Dou heerdsi doch alles aaf!" schrie da der Angeklagte, haute mit der Faust auf den Tisch des Amtsgerichts und fügte schnell noch hinzu: „Dou is a Muggn g'hoggd am Diisch."

Das weltberühmte Nürnberger Volksfest:

Da lacht der Magen

Wie wir von Plakatwänden und Faltprospekten wissen, ist das Nürnberger Volksfest ein Spaß für die ganze Familie, eine Insel der Freude und der gehobenen Unterhaltung, ein Feuerwerk der guten Laune. Wer seine Sorgen und seinen Mageninhalt wieder einmal über Bord werfen will, soll seine Schritte frohgemut in Richtung Volksfest wenden.

Als erstes steuert man vielleicht auf der Insel der Freude einen Imbißstand an, wo uns durch andere lustwandelnde Erholungssuchende verschiedene Köstlichkeiten wie kleine Preßspantörtchen mit Mayo, in Antik-Öl rausgebackene Radiergummi oder flambierte Beilagescheiben gerade noch rechtzeitig vor dem Verzehr aus dem Mund geschlagen werden. Falls doch was von den kulinarischen Plastik-Pretiosen unseren Verdauungstrakt erreicht, begeben wir uns in das nahe Überschlagsschiff, in dem man für drei Mark fünzig in zehn Meter Höhe vier Minuten lang auf dem Kopf stehen kann. Wir erfahren dabei auch den tieferen Sinn der bereits erwähnten gehobenen Unterhaltung, denn es hebt sich plötzlich unser Magen, und die restlichen Imbisse drängen ins Freie. Anschließend wankt man zum Dreier-Looping (mit einem gewissen Udo Dreier nicht verwandt und nicht verschwägert), wo man in einem bombenähnlichen Kleinwagen mit 100 Stundenkilometern senkrecht in die Tiefe fährt und sich Sekunden später dreimal überschlägt. Dies läßt sich nur mit einem Direktflug von der Autobahnbrücke bei Würzburg hinunter ins schöne Maintal vergleichen.

Nach dieser Fahrt mit dem Dreier-Looping, bei der man für

lediglich sechs Mark Eintritt auf sage und schreibe siebzig Zentimenter Körpergröße zusammengeschoben wird und in den Kniekehlchen eine unbestimmte Substanz fühlt wie eine Mischung aus Germknödel und Tellersulze, wälzt man sich mit seiner ganzen Selbstzerstörungswut auf eine Scheibe mit Gondeln, die in alle möglichen Richtungen drehbar sind.
Diese Scheibe bewegt sich für einen Fahrpreis von nur drei Mark fünfzig mit etwa dreifacher Lichtgeschwindigkeit, die Gondeln drehen, überschlagen und schrauben sich durch den Abendhimmel, unsere Backen werden dick wie ein Medizinball, weil infolge der Fliehkraft der Magen erneut in die Mundhöhle geflohen ist und sich dort breit macht. Andere menschliche Organe wie herrenlose Zahnbrücken, kopflos gewordene Toupets und einige Wandernieren warten am Fundbüro des Nürnberger Volksfestes bereits auf ihre Abholung.
Noch haben wir aber den Hort der Freude nicht einmal zur Hälfte durchkrochen. Also schleppen wir uns vor das Antlitz von einem wegen schwerer Körperverletzung und Mord vorbestraften Hammerhai, humpeln mit letzter Kraft durch eine Drehtonne, wo es uns durch die Nichtbeachtung der Schwerkraft voll auf die Waffel haut, und fliegen mit dem kaum mehr als solchen zu erkennden Kopf eine Rutschbahn hinunter, wo man uns mit zehn Hektoliter Wasser leicht besprüht.
Derart erfrischt treten wir in die erste Katastrophen-Simulationsanlage der Welt ein, wo man unter anderem mit einem Förderkorb in die Tiefe gleitet, nach 120 Metern das Seil reißt und man erst nach 380 Metern um vier Mark Eintritt wieder am Boden aufklatscht.
Zur weiteren Marscherleichterung des Volksfestbesuchers wird ihm bei der Heimfahrt der Führerschein abgenommen, was er in seinem Unterhaltungsetat mit 4000 Mark und drei Monaten mit Bewährung verbuchen kann. Im Abschlußbericht von Amnesty International wird wahrscheinlich auch noch jenes Bratwurstweckla um 2,70 Mark aufgeführt, in das an Stelle von zwei Bratwürsten zwei noch leicht glühende, länglich geformte Original Nürnberger Holzkohlen eingehüllt waren.

Fränkische Weihnacht:

Wieder neigt sich ein Bier dem Ende zu

Die Abende werden wieder länger und sind deswegen außer für den Fernsehschlaf oder dem Frisieren von Bilanzen im Schutz der Dunkelheit auch für Vorstandssitzungen eines Vereins sehr gut geeignet.

Jeden Abend tagt jetzt in den Nebenzimmern der Wirtshäuser ein ziemlich erweiterter Vorstand. Ganz gleich, ob es sich um politische Parteien handelt, um die Freunde des Nürnberger Lachsack e. V., den 1. Fliegenfängerklub 1898 Schoppershof, um das Kollegium Nürnberger Leitungsdichter oder den Bierschutzverein – alle bereiten in diesen Tagen das wichtigste Vereinsereignis des Jahres vor, nämlich die original Fränkische Weihnachtsfeier.

Diese Vorbereitung erfolgt, wie schon erwähnt, mit dem registergerichtlich verankerten Instrument der Vorstandssitzung. Die Vorstandssitzung zur Vorbereitung der Durchführung einer Vereinsweihnachtsfeier wiederum besteht aus der Geschäftsordnung und ist mit arabischen Ziffern durchnumeriert: 1. Begrüßung, 2. Feststellung der Anwesenheit, 3. Bestellung der Biere, 4. Ermahnung der Bedienung seitens des 1. Vorsitzenden, während der Sitzung nicht durch die Entgegennahme von Bestellungen zu stören, 5. Störung der Bedienung durch die Entgegennahme von Bestellungen, 6. Hereintragen von zwanzig Halben Bier en bloque durch die Bedienung, 7. Verschüttetes, 8. Verschiedenes.

Der 1. Vorsitzende knöpft seinen Sakko zu, mit dem obersten Knopf im untersten Knopfloch, wischt sich mit dem Bierfilz den Schweiß von der Stirn und sagt in einem jährlich einmal stattfindenden Anfall von Hochdeutsch „Liepe Freunte, wieter neikt sich ein Jahr tem Ente zu. Frollein, edzer nedd! Schdelln'S den Schnabs dou vorna hie und machn'S die Diir zou." Es entsteht eine kurze Pause, in der sich der stellvertretende Getränkewart bereits zur Weihnachtsfeier äußert: „Horch amol Heiner, amol suu soong, grundsätzlich gseeng, weecher dera Dombolla . . ."
Mitten während dieser grundsätzlichen Erwägungen seitens des stellvertretenden Getränkewarts bricht jedoch eine Debatte aus, ob der heilige Josef heuer während des Krippenspiels wieder mit 2,8 Promille in die Krippe fliegen, oder ob man die Rolle mit dem Schwager des 3. Schriftführers umbesetzen soll, der wegen seiner erhöhten Leberwerte nachweislich schon seit zwei Tagen keinen Tropfen Alkohol mehr trinkt.
In dem allgemeinen Tumult huscht die Bedienung durch die vorweihnachtliche Rauferei und serviert den am Eingang wartenden Schnaps. Der 1. Vorsitzende setzt erneut zu seiner feierlichen Rede an: „Ihr bläidn Rimbfiecher, Ihr bläiden – Gerch, leech edzer serfordd des Schduhlbaa hii!" Und fährt dann fort: „Liepe Freunte, wieter neikt sich ein Jahr tem Ente zu . . ." „Frollein, mei Bier neigt sich dem Ende zu!" wirft der Kassenrevisor ein.
Die kleine Pause nutzt der stellvertretende Getränkewart geschickt für seine anfangs nur bruchstückhaft vorgetragenen Einwände: „Die Dombolla! Weecher den Haubdbreis! Also – ich bitte edzer ums Wort!!!" „Ich bitte noch um ein Bier", läßt sich der Kassenrevisor vernehmen.
An dieser ersten Vorstandssitzung zur Vorbereitung der Durchführung einer Weihnachtsfeier wird etwa gegen 1.30 Uhr definitiv erklärt, daß der Schwager des 3. Schriftführers doch nicht den Josef spielt, weil dieser angeblich abstinente Laienschauspieler vor dem Wirtshaus mit dem Gesicht auf einem Gully liegt und durch die Eisenstäbe hindurch dauernd in die Tiefe der Kanalisation schreit: „Lassd mi raus, iich bin unschuldich!"

Der Politur-Paul

Der Paul ist ein Star-Verkäufer von Autopflegemitteln. Unerschrocken hat er schon einer älteren Dame für hundertzwanzig Mark Rostumwandler eingeredet und fünf Spraydosen Unterbodenschutz, obwohl diese Frau als einziges Fahrzeug in ihrem Fuhrpark nur einen Koffer mit Rollen unten dran gehabt hat.
In Tateinheit mit dem Umfärben des Cockerspaniels dieser Frau auf Metallic-Blau für die Fabrikate Volvo, VW und Opel hat der Paul dafür drei Monate mit Bewährung gefaßt. Der metallic-blaue Cockerspaniel hat eingeschläfert werden müssen.
In einem erneuten Verfahren vor dem Amtsgericht ist der Politur-Paul, wie er in Fachkreisen heißt, jedoch als Opfer vor dem Amtsgericht erschienen. Angeklagt war ein Herr Erwin, der an einem Samstag mittag kurz vor den allgemeinen Ladenschlußzeiten mit dem Auto in der Stadt noch verschiedene Besorgungen hätte machen müssen.
Nach einem einstündigen Fahnden nach einem Parkplatz war für diese Besorgungen nur noch wenig Zeit. So ist er in höchster Eile aus dem Auto gesprungen und hätte dabei fast den Paul über den Haufen gerannt. „Griss Godd, der Herr", sagte der Paul geschliffen und ohne Punkt und Komma, „wäi gehds, wäi schdeeds a schäins Audo hommer gell, daaaadellos in Schuß gell, nerblous der Glanz lässd aweng zer Winschn iibrich gell, dou zeich ich Ihna edzer amol däi neie Hardwachsbollidur wou mer ganz leichd middn Handballn eireibd mühelos gell . . ." „Ich reib der aa glei wos middn Handballn mühelos ei", schrie der Erwin, „hau ab midd dein Gschmier,

iich hob ka Zeid!“ Doch da hatte der Paul schon wie aus Versehen seinem Kunden mit einem kurzen Daumendruck auf eine Spraydose einen roten Fleck auf die Hose gespritzt. „Is ibberhabbs ka Broblem“, sagte er wie aus einem Guß dazu, „dou hob iich nerdirli mein Fleggnendferner derbei gell, dou gemmer aweng drriber und wusch – isser scho weg der Flegg gell, kosd siem Marg fimbferneunzg die Duum. Mer konns aa zon Zähnbudzn nehmer, hähähä und fiir Hämmoriddn. Wennsis glaa häddn die siem Marg fimbferneunzg iich konn nemli nedd rausgeem.“

Nach dem notdürftigen Entfernen des roten Flecks kam der Paul dann wieder auf seine im Handel noch nicht erhältliche Exklusiv-Hartwachspolitur zu sprechen, die lediglich zwölf Mark achtzig kostete, und dabei stellte der Erwin fest, daß es jetzt zwei Uhr ist und die Läden zu haben. Er gab deswegen dem Star-Verkäufer weder DM 7,95 noch DM 12,80, sondern links und rechts eine Trümmer Schelln, hob den Paul am Hemdkragen hoch und sagte: „Edzer werd mei Audo erschd vo oomer bis undn budzd, nou mid den Hardwachs eigriim und nou bolierd, daß mer si drinner schbiegln konn. Die Chromdeile und die Schdoußschdanger wern exdra gmachd.“

Als Sicherheit für die zufriedenstellende Ausführung der verschiedenen Arbeiten nahm der Erwin dem Paul noch den Geldbeutel weg. „Iich gäih edzer dou niiber in däi Garddnwerdschafd“, sagte er, „und kaaf mer aus dein Bordmonnee aa Seidla nachn andern. Je eher dassd ferddi bisd, desdo wenicher kosds.“

Nach einer halben Stunde oder umgerechnet drei Bier war der Paul zum ersten Mal fertig, aber es fiel nicht zur Zufriedenheit vom Erwin aus.

Insgesamt dauerte die Zwangsarbeit zwei Stunden, elf Bier, vier Schlehengeist und zweimal Stadtwurst mit Musik. Wegen Nötigung und Körperverletzung wurde der Erwin zu 1500 Mark verurteilt. „Ach siggsders“, sagte der Paul zum Erwin, „des hobbi an dem Dooch ganz vergessn – für den Fall häddi iich aa eine Rechdsschudzversicherung g'habd wos ganz günsdigs gell, nerblous hunderdvierazwanzg Marg im Monad ...“

Auto um Auto, Zahn um Zahn

Das wichtigste in einer Innenstadt ist bekanntlich nicht die Lebensqualität, die Behebung des Wohnraummangels oder die architektonische Schönheit, sondern ein Parkplatz. Vor allem an einem Samstagvormittag steht die Anzahl der Parkplätze zu der Anzahl der nach einem Freiraum spähenden Autofahrer in einem schweren Mißverhältnis, so daß es wegen ein paar Quadratmetern innerstädtischen Grundbesitz oft zu sehr interessanten Auseinandersetzungen kommt. Ein rechtlich sehr komplizierter Fall einer versuchten Doppelbelegung eines Parkplatzes hat jetzt vor Gericht geklärt werden sollen.
Am Tatort ist damals der Ernst nach mehreren Runden um den Häuserblock in eine Parklücke rückwärts eingeschert und der Eduard von der anderen Seite vorwärts. In der Mitte des Parkplatzes haben sich die beiden Autofahrer Stoßstange an Stoßstange getroffen.
Der Ernst ist raketenartig aus seinem Wagen geschossen und hat gebrüllt: „Schau blous, dassdi schleigsd! Iich woor zerschd dou!“ Der Eduard ist ebenfalls ausgestiegen und hat zurückgeschrien: „Wennsd dein Brunskiibl nedd aff der Schdell wechdousd, nou foohri driiber! Nou konnsd nern hochkand innern Fahrrodschdänder neischdelln, suu flach isser nou!“ „Hald blous die Waffl“, hat der Ernst erwidert, „wall wennsd nu aweng rumschreisd, nou fälld dei Rosdkisdn allaans vo die Schallwelln ausernander. Den kehr mer nou

schäi aff a Haifla zamm und nou konnsd dou driimer in den Babierkorb bargn!"
Nach ungefähr zehn Minuten war die fachliche Auseinandersetzung rein argumentativ in eine Sackgasse geraten. „Mid suu an Oorschluuch", sagte der Ernst in dieser ausweglosen Situation, „dou demmer doch goor nedd lang rum." Und dann setzte er sich in aller Ruhe in das Auto seines Mitbewerbers um den Parkplatz, ließ den Motor an und fuhr zurück. Der Eduard schaltete aber auch ziemlich schnell. Er setzte sich ins Auto vom Ernst und entfernte es ebenfalls aus der Parklücke, indem er ein paar hundert Meter in Richtung Plärrer fuhr. Daraufhin überholte ihn der Ernst und bog an der Ampel mit dem Eduard seinem Auto in den Ring ein. „In der Bucher Schdrass", sagte der Eduard vor Gericht, „hobbi nou den sei Kisdn am Randschdaa naafgfoohrn und wolld nern aus mein Audo rauszäing. Obber der hodd affs Gas driggd und is weiderbredschd. Nou binnin hindn nouch gfoohrn."
Auf den Randstein war der Eduard mit dem fremden Auto ziemlich forsch hinaufgeschossen, so daß der Ernst einen Achsschaden befürchtete und sich kurz vor Boxdorf mit einem leichten Streifen des Kotflügels an der Leitplanke revanchierte. „Iich wolld nern nou hindn draff rumbln", räumte der Eduard ein, „obber nou is mer grood nu eigfalln, daß des andere Auto ja mei Audo is." Kurz vor Erlangen stoppte dann eine Polizeistreife die zwei Kamikaze-Fahrer, nachdem der eine im Auto des anderen bei ungefähr hundert Stundenkilometer versucht hatte, den Rückwärtsgang einzulegen, und der andere derweil das Autoradio herausgerissen und mit einem Nothammer die linke Fensterscheibe zertrümmert hatte. „Die Scheim", entschuldigte sich der Ernst, „hodd si nedd nookurbln loun. Und a frische Lufd werd mer ja nu schnaufn derfn, odder?!"
Wegen unbefugten Benützens eines Autos und Sachbeschädigung wurde er zu einer Geldstrafe von 2500 Mark verurteilt und einem Führerscheinentzug von vier Monaten. Auf den Eduard wartet ein ähnliches Verfahren. „Binni ner frouh", sagte er, „dassi mid mein Daschnmesserla den Doldi seine Bolsder gschwind nu aafgschlidzd hob."

Der Kampf im Kirschenbaum

Der Georg hat im geheimnisumwitterten Grenzgebiet zwischen Oberfranken und der Oberpfalz dreißig Kirschenbäume, die er wie sein Zäpfchen in der Gurgel hütet, weil aus den Früchten im späten Herbst der Grundstoff für seine winterlichen Vollräusche hergestellt wird.

Gemäß dem Georg seinen Berechnungen gibt jede Kirsche drei Tropfen Schnaps. Andere Verwendungsarten wie Kirschenkompott, Kirschkuchen, Kirschenmännla oder drei Tage Durchfall nach dem Genuß von Kirschen mit Leitungswasser hält der Obstbauer und Schnapsbrenner für einen schweren Mißbrauch der mühseligen Ernte.

Wenn der Georg hoch oben auf der Leiter steht und den zukünftigen Kirschenschnaps in die Schürze pflückt, bringt ihn nichts so sehr auf einen Zweihunderter Pulsschlag wie die Frage eines zufällig durch die Plantage schreitenden Wandersmannes: „Demmer gwiss aweng Kerschn roo?“ An diese sehr tiefgründige Frage schließt sich nämlich sofort die Bitte des Wanderers an, ob er ein Körbchen voll Kirschen zum Selbstkostenpreis von ungefähr null Mark mitnehmen kann.

Wegen der sehr eigenwilligen Antwort auf diese Frage ist es im vergangenen Jahr zu einem größeren Zwischenfall gekommen, der jetzt letztinstanzlich geklärt worden ist.

An einem samtweichen Sonntagnachmittag ist ein Wandersmann namens Alfons unter den Bäumen aufgetaucht und hat – wie bereits fünf Vorgänger an diesem Tag – die alles entscheidende Frage hinauf in die Krone zum Georg gebrüllt: „Demmer gwiss aweng Kerschn roo?!"

Über den Wipfeln blieb Ruhe. Da hakte der Alfons nach: „Hängd ganz schäi wos droomer haier, hä?" Dem Georg droben in der Höhe war immer noch nicht nach einer Unterhaltung. Der Alfons versuchte es zum drittenmal: „Häsd mer amol a Händ vull rooglangd?!"

Es war wesentlich mehr als eine Hand voll, was kurz danach auf den Alfons herunterkam. Allerdings waren es entschieden keine Kirschen, auch kein Kirschwasser, obwohl es sich eindeutig um was Flüssiges handelte. „Hodd däi Wildsau", sagte der Alfons vor Gericht, „dou droomer aff der Laddern sei Huuserdiirla aafgmachd und roobrunzd. Entschuldichung, Herr Richder – ruinierd, hobbi soong wolln."

Nach den vom Wetterbericht nicht gemeldeten strichweisen Niederschlägen aus der Krone eines oberfränkischen Kirschbaums schüttelte der Alfons so lang an der Leiter, bis neben einigen Kirschen auch der Georg heruntergefallen kam.

Wegen des Herunterschüttelns eines Bauern wurde der Alfons, der schon zweimal das Urteil angefochten hatte, jetzt endgültig zu einer Geldstrafe von 2400 Mark verurteilt. Worüber sich der Angeklagte erneut heftig beschwerte, weil der Georg für den Mißbrauch seiner Berieselungsanlage wieder nicht bestraft wurde.

Dou konn doch iich nix derfiir", sagte der Georg zum Abschied, „wennsd du Doldi nedd gscheid ausgrüsd bisd. Ganz worschd, wos fiir a Weeder is – bam Wandern hodd mer immer sein Reengscherm derbei."

Der Verkünder der sittlichen Werte

Der Ewald ist ein frommer Mensch mit einem langfristigen Pachtvertrag auf alle sittlichen Werte. Ihm ist der Eintritt ins Paradies sicher. Anläßlich der Auseinandersetzung mit dem sittlich weniger gefestigten Paul war ihm dieser Eintritt ins Paradies sehr nahe, es ist aber mit einer leichten Gehirnerschütterung gerade noch einmal glimpflich abgegangen.
An diesem Abend ist der Verkünder der sittlichen Werte mitten im städtischen Sündenpfuhl auf seinem tragbaren Podium gestanden und hat mit lauten Worten die Verwerflichkeit der Fleischeslust gegeißelt. „Die Menschen", hat er laut und vernehmlich gepredigt, „die eine Mark in den Schlitz schmeißen und ungezügelt und gierig auf das nackte Fleisch gaffen, sind keine Menschen mehr. Es sind Schweine, die ihr Eintreten in den Garten Eden verwirkt haben."
Der Gegenstand seiner Anklage war die Peep-Show, vor der er seinen interessanten Vortrag gehalten hat und aus der gerade der jetzt wegen Körperverletzung angeklagte Paul gekommen ist. Der Ewald hat diesen irgendwie lüstern grinsenden Menschen von seinem Podium aus erblickt und geschrien: „Schauen Sie sich diese Ausgeburt des Teufels an, wie er aus der Brutstätte der Sünde und des Lasters wie ein

moralisches Wrack herauswankt. Die Engel wenden sich von ihm ab. Die Sünde trieft ihm aus den Augen. Dieses Schwein von einem Menschen hat schon seinen Pakt . . ." Er hat noch sagen wollen „. . . mit dem Teufel abgeschlossen", aber er ist nicht mehr dazugekommen, weil der Paul an den einsamen Rufer in der Luitpoldstraße herangetreten ist und ihn mit den Worten unterbrochen hat: „Wennsd edzer nedd gleich dei Waffl häldsd, nou gräigsd anne aff die Goschn!" Sofort hat der Ewald aber wieder nachgehakt und gebrüllt: „Dieser räudige Sünder ist verloren, er bereut seine Taten nicht, er wird hinab in den Orkus fahren und eine Ewigkeit lang im Fegefeuer Satans büßen."

Daraufhin hat der Paul den Prediger im Untergriff gepackt, hat ihn sich wie einen Sack Kartoffeln auf die Schulter gehoben und fortgetragen. Was den Ewald aber nicht daran gehindert hat, mit seiner Anklage gegen die Fleischeslust fortzufahren. Nichteingeweihte Betrachter haben annehmen müssen, daß es sich um eine gut einstudierte Aktion handelt und daß die Stimme des Missionars durch die ganze Innenstadt getragen werden soll. Der Paul hat den Ewald bis in die Königstraße geschleppt, und dabei hat der Moralapostel ständig geschrien: „Solche Menschen sind nicht einmal mehr mit den niedrigsten Bestien zu vergleichen. Sie sind ein Nichts und werden dereinst vom Allmächtigen zertrampelt. Sie verbrennen bei lebendigem Leib in der Unterwelt."

In diesem Augenblick war der Paul mit seiner schweren Last am Rand der Unterwelt in Gestalt von städtischen Erdarbeiten angekommen. „Soderla", brüllte der Paul, „edzer schau mer amol, wer zeerschd in die Underweld neifläichd? Dir werri scho helfn fiir deine Besdien!" Und dann ließ der Paul den Verkünder der sittlichen Werte mit dem Kopf voran in die aufgegrabene, etwa zwei Meter tiefe Kanalisation gleiten. Wegen Herumtragens eines Weltverbesserers und wegen Körperverletzung wurde der Paul zu einer Geldstrafe von 1200 Mark verurteilt. „Dou werri Berufung eileeng", sagte der Paul, „wall mer derf weecher anner Sache nedd zwaamol beschdroofd wern. Erschd werri ba lebendichn Leib in der Underwelt verbrennd und nou derfferdi aa nu zwelfhunderd Marg zoohln!"

Fränkische Weihnachtsbräuche:

Kleine Geschenke erhalten die Feindschaft

Wir haben jetzt wieder die gnadenbringende Zeit, die entgegen den vagen Prophezeiungen der Bibel nicht nur Gnade oder Heil und Segen mit sich bringt, sondern früh mit der Post auch zahlreiche weihnachtliche Werbegeschenke. Mit ihnen wünscht uns die Vermögensberatung Knöferlein oder der Diamantimporteur Prottengeier ein allerherzlichstes Halleluja zum Fest und sich eine Erweiterung seines Kundenkreises. Selbstverständlich werden von diesen sinnvollen Präsenten nur bedeutende Personen der Zeitgeschichte heimgesucht wie etwa der Lämmermanns Heiner, der Charly Scheuerlein, die Schmitzers Babett und einige andere sorgfältig ausgewählte 480 000 Nürnberger.

Viele Briefträger sind dadurch den Belastungen ihres Berufs als Packesel von Bethlehem oder Zabo nicht mehr gewachsen. Sollte sich zur Zeit jemandem in den frühen Morgenstunden auf der Straße was Undefinierbares nähern, das von weitem ausschaut wie Nürnbergs erster fahrbarer Schuttberg, dann dreht es sich um eine Weihnachtspyramide aus Geschenkpäckchen mit innen drin einem Briefträger auf dem Fahrrad. Dieser Herr bringt uns viel Freude ins Haus sowie fluoreszierende Kugelschreiber, zusammenklappbare Taschenrechner, Schlüsselanhänger, Clubanhänger, hundertjährige oder noch ältere Kalender, Auslaufmodelle von Bocksbeuteln oder 500 Gramm Hartwurst mit dem Aufdruck: „Ihr Metzger wünscht ein besinnliches Fest.“ Weiterhin erhalten wir mehrere Dosen Defrosterspray, Vergrößerungsgläser, Verkleine-

rungsschnäpse, Unterwasserradiergummi, sprechende Bierdeckel oder ein Nähzeug, das man nicht nur in der Näh, sondern auch in der Ferne verwenden kann.
Neben dem hohen praktischen Nutzwert dieser Geschenke ist das Zweitschönste, wenn nicht sogar das Schönste überhaupt, das Auspacken dieser Weihnachtswundertüten. In unendlicher Mühewaltung und Sorgfalt und unter dem christlichen Gebot „Kleben ist seliger denn Nehmen“ sind diese Morgengaben nämlich hermetisch, tropenfest, kälteunempfindlich und nach den Vorschriften des deutschen Geheimdienstes im Verhältnis 1:100 000 eingepackt. Auf ein Geschenk kommen in diesem Fall 100 000 kleine Styropor-Chips.
Bevor wir aber an diese trotz ihrer appetitlichen Farbgebung oft nicht zum Essen geeigneten Styroporkügelchen gelangen oder gar an das Werbegeschenk an sich, müssen wir erst das andere Verpackungsmaterial entfernen.
Meist ist so ein Weihnachtsgruß wie etwa ein Mehrbereichszahnstocher von einer Plastikhülle umgeben. Diese wiederum ist in eine dreifach verstärkte Silberfolie gebettet, die Silberfolie schlummert in geschäumtem Triplythylän, das seinerseits in Amalgan eingeschweißt ist. Um das Ganze herum winden sich die inneren Klebestreifen, das mit einem Überrollbügel versteifte Packpapier, die äußeren Klebestreifen und zirka 200 allen Öffnungsversuchen tapfer trotzende Heftklammern.
Wer so ein Päckchen schweißgebadet und mit einem bis zum Zerreißen gespannten vegetativen Nervensystem öffnet, der ahnt, was ein Heinrich Schliemann bei den Ausgrabungen Trojas empfunden haben mag. Nur daß er am Ende seiner archäologischen Arbeiten nicht auf den Schatz des Priamos stößt, sondern auf einen Abreißkalender der Stadtsparkasse.
An diesen gnadenbringenden Tagen muß oft die ganze Familie zusammenhelfen. Das ist ein Reißen, Ziehen, Hämmern, Klopfen, Stemmen und Aufschweißen in der Stube, daß wir am Ende schon lange vor dem Fest glücklich und zufrieden in der Unfallstation des Städtischen Klinikums liegen und darüber sinnieren, ob wir uns zum nächsten Weihnachten nicht einen eigenen Sondermüllplatz wünschen sollen.

Fränkische Weihnachtsbräuche:

Rundumbescherung

Es gibt immer noch Menschen, denen der an Weihnachten automatisch eintretende Familiensinn verbunden mit einem trauten Beisammensein im Kreis der Lieben vollkommen abgeht. Sie liegen am Heiligen Abend weitgehend allein auf ihrer anschmiegsamen Ledergarnitur, schwenken ihre Seele und die gleich darunter befindliche Leber in Kognak, Kirschengeist oder Sechsämtertropfen und ahnen nichts von den Segnungen weihnachtlicher Familienzusammenführungen.

Zu den Pflichten eines Heiligen Abends gehört nämlich nicht, daß man sich die Hucke vollaufen läßt, sondern daß man bei den Eltern, Schwiegereltern, Großonkeln, Kleintanten, Nichten, Neffen, weitläufig verschwägerten Schwiegercousinen oder Rauschgoldenkeln dritten Grades der jeweiligen feierlichen Bescherung beiwohnt.

Durch die Ehre seines Besuchs in der Höhe des fünften Stocks fördert der Heilig-Abend-Reisende den Familiensinn, lernt seine Stadt und die nähere Umgebung wieder einmal kennen und kann im Neuen Jahr die angefallene Kilometerpauschale beim Finanzamt absetzen.

Als erstes belädt man bei einer solchen Gratwanderung durch die gesamte Verwandtschaft sein Auto mit den Geschenken. Möglichst in der Reihenfolge, wie man sie später beim Entladen nicht braucht. Dann telefoniert man nach den Kinderlein in den fünfzehn bis zwanzig in Frage kommenden Diskotheken, teilt ihnen die Notwendigkeit ihrer Teilnahme bei den Heilig-Abend-Besuchen mit und erntet ein begeistertes „Jeeds Joohr der gleiche Käs". Sodann braust man eilig durch die Heilige Nacht.

Bei der Heroldsberger Oma gibt es traditionell russische Eier mit Kartoffelsalat und ein Glas Mosel, der uns durch seine Temperatur an Glühwein erinnert. Nach Absingen von Stille Nacht und dem irrtümlichen Überreichen eines Naßrasierers mit Doppelklinge an die Heroldsberger Oma, der eigentlich für den Schwager von der Schwiegermutter ihrer Großnichte gedacht war, läuft bereits der Countdown für die Weiterfahrt nach Buchenbühl zur Schwippschwester vom Ur-Opa. Traditionell gibt es dort russische Eier mit Kartoffelsalat. Dadurch, daß der Kartoffelsalat noch nicht richtig gezogen hat und der Essig oben drauf schwimmt, haben wir diesmal beim Singen von Stille Nacht bereits Tränen in den Augen. Bei „Tönt es laut von Fern und Nah" tönt draußen am Gang das Telefon. Der Schwiegervater aus erster Ehe will dringend wissen, wann wir endlich kommen, und wir antworten am Telefon mit zwei russischen Eiern im Mund „Mimmmongmungmengs!!"

Es soll heißen: Wir sind schon unterwegs. Geschwind noch Oh du Fröhliche von den Kindern auf der Blockflöte gepfiffen, ein herzliches Dankeschön für das immer wieder schöne Wilhelm-Busch-Album, ein Frohes Fest gestöhnt – und schon umhüllt uns wieder das Lied der Landstraße. Wir sind auf dem Weg zum Schwiegervater aus erster Ehe, dessen Lebensgefährtin am Heiligen Abend traditionell russische Eier und Kartoffelsalat zubereitet.

Wir läuten, stehen im weihnachtlich geschmückten Wohnzimmer des Reihenhäuschens, es duftet verführerisch nach russischen Eiern. Wir schütteln etwa dreißig Menschen die Hände, verteilen Weihnachtspäckchen, fragen nach dem Onkel Ludwig und erfahren, daß es hier keinen Onkel Ludwig gibt und wir uns in der Hausnummer vertan haben. Eine Stunde nach Mitternacht haben wir die meisten verwandtschaftlichen Weihnachtsbescherungen hinter uns, und wir können endlich zur Feier des eigenen Heiligen Abends schreiten. Er findet, weil uns am Ring das Benzin ausgeht, dieses Mal in der Mittelhalle des Hauptbahnhofes statt, wo auch ein sehr schöner Christbaum steht.

Wir grölen auf der Rolltreppe „Es ist ein Kloß entsprungen", befreien uns durch einen geübten Griff in den Hals von zirka zehn Pfund russischen Eiern und Kartoffelsalat und verbringen wegen Randalierens und versuchten Umschmeißens eines zweiundzwanzig Meter hohen Christbaums die zwei Weihnachtsfeiertage in der Geborgenheit einer Gummizelle der Bahnpolizei. Der Wachleiter dort ist ein weitverzweigter Großonkel von uns, den wir um ein Haar vergessen hätten.

Ein Mensch mit 20 Umdrehungen pro Minute

Ein gewisser Herr Edwin pflegt an sonnigen Tagen seine Hängematte zwischen zwei Bäumen in der Brotzeit-Prärie des Volksparks am Marienberg zu befestigen, sich mit einem schönen Kontingent Bierdosen hineinzulegen und seine Freizeit schwebend zu verbringen.
An einem schicksalschweren Samstag hat er erfahren müssen, daß sein alleiniger Besitzanspruch auf die zwei Bäume verfehlt war. Er ist jetzt als Zeuge vor dem Amtsgericht gestanden. An jenem Samstag hat der Edwin durch überschlägig acht bis zehn Dosen Bier schon einen sehr schönen Schwebezustand erreicht und er hat unglücklicherweise nicht mehr registrieren können, daß die beiden Bäume nicht nur als Stützpfeiler für seine Hängematte bestimmt waren, sondern gleichzeitig noch als Torpfosten für ein Fußballspiel.
Es ist bei diesem erbitterten Spiel um die Meisterschaft in der Hängebauch-Liga gegangen. „Mir hom“, sagte der Kapitän der Ziegelsteiner Nationalmannschaft vor Gericht, „den Moo gfrouchd, oober si fiir sei selbergschriggde Schiffschaukl nedd zwaa andere Baim raussoung kennd. Obber der is suu bsuffn gween, dasser des ibberhabbs nedd gmergd hodd.“
Das erste Mal merkte der Edwin was von der Zweitbelegung seiner Schlafstätte bei einem hammerartigen Schuß, der

eigentlich unweigerlich das 1:0 bedeutet hätte, wenn der Herr in der Hängematte nicht aus Versehen mit dem Kopf genau in der Schußbahn geschwebt wäre. „Dou binni affgwachd", sagte er, „und hob gmaand, mir hodds mein Kubf wechgrissn. Und nou hobbi zu denni gsachd, sie solln dou aungbligglich abhauer, wall des meine Baim sin."
Er hätte nach dieser Anweisung nicht wieder einschlafen sollen. Als er nämlich zum zweiten Mal erwachte, war es bereits zu spät. „Zeerschd", erinnerte sich der Edwin, „hobbi gmaand, iich bin innern Karussell drinner, walls mi dreed hood. Und nou hobbi den Moo gseeng, der wou mir in meiner Hängemaddn dauernd an Schubsera geem hodd. Mir is vuur lauder Überschlääch scho ganz schlechd gween." Der unfreiwillige Dauerschaukler wollte aus seiner Hängematte springen, aber es waren ihm im wahrsten Sinne des Wortes die Hände gebunden. „Däi Maulaffn, däi bläidn", schimpfte er, „hom mi gfessld g'habd und die Hängemaddn mid anner Schnur oomer zoubundn!"
Ungefähr eine halbe Stunde ist der Edwin in der Hängematte um seine eigene Achse gekreist. Dann hat er sich übergeben müssen." Danach ist die Sonne im Volkspark langsam untergegangen, das Fußballspiel war sowieso schon abgepfiffen und der Hängemattendreher hat schließlich auch seine Tätigkeit eingestellt. „Und nou", sagte der Edwin, „nou sins alle biddernander abg'haud und hommi allaans hänger loun. Iich hob scho browierd, dassi däi Hängemaddn aafbeißn dou. Obber dou woor nix zu machn."
Gegen Mitternacht entdeckte dann eine Polizeistreife im Licht der Scheinwerfer das in eine Hängematte eingeschnürte Menschenpaket, das in einem leichten Westwind schaukelte und in kurzen Abständen schrie „Lassd mi raus, Ihr Rimbfiecher!"
Wegen der Verpackung eines Mannes in eine Hängematte in Tateinheit mit zwanzig Umdrehungen in der Minute wurde der Fußballervorstand zu einer Geldstrafe von 500 Mark verurteilt. „Es nexd mool", riet der Angeklagte dem Edwin, „dou maggsd dei Hängemaddn im Schdadion aaf, im Door vom Glubb sein Geechner. Dou hosd dein Rouh annerhalb Schdund lang."

Der Umstands- redner

Nicht jeder Mensch beherrscht die Kunst der geschliffenen Rede so vollendet wie zum Beispiel ein Bundeskanzler oder ein Oberbürgermeisterkandidat, die auf x-beliebige Stichworte von Vaterland bis Fernheizung sofort und aus dem Stand einen fundierten Fachvortrag halten. Diese verbale Präzision ist dem Konrad seine Stärke nicht, und so hat der Versuch des Rentners und Heimwerkers, in einem Haushaltwarengeschäft zwei Schrauben zu kaufen, vor dem Amtsgericht geendet.

An einem Samstag vormittag ist der Konrad in diesem Geschäft erschienen und hat dem staunenden Verkäufer namens Willi folgendes mitgeteilt: „Also, es is weecher meiner Frau nämlich, wall des Regal edzer scho seid an halm Joohr im Keller rumschdäid, und im ledzdn Summer woorn die Lecher scho buurd. Des is vuur unseren Urlaub gween. Odder woors doch dernouch, des wassi edzer nemmer genau. Im Schdubbai simmer gween."

Darauf sagte der Willi hinterm Ladentisch: „Sie wünschen, bitte?" Eine Dame drängte sich geschwind vor, die dringend einen Rasendünger brauchte. Der Konrad mußte noch einmal von vorn beginnen: „Die Lecher sin scho buurd, und edzer hodd mei Frau awall in Fernseh dervuur grudschd, wall es Regal nu im Keller schdäid und iich derhamm keinen Sinn fiir Indresse hob. Obber iich denk mer hald, es mouß ja nedd immer glei alles vo haid aff morng sei."

Während der Rede vom Konrad bediente der Willi in aller Seelenruhe einen Kunden mit einem Gartenschlauch, einen mit einem Satz Stemmeisen, und einem dritten Herrn erklärte er kurz die Vorzüge eines Gartenzwerges aus Ton gegenüber einem Gartenzwerg aus Plastik.

„Horng Sie mir iiberhabbs zou?", fragte der Konrad den Verkäufer, „wall es dreed si doch weecher meine zwaa

Lecher. Suwos an halm Zendimeeder werns hoom. Dou mäißerd mer woorscheins an Düübl aa nu neimachn. Wall des Regal hodd fei a ganz schäins Gwichd. Drum schdäids ja aa immer nu im Keller drundn. Mei Frau hodd vuurn Urlaub nu gsachd, a glenners hädds aa dou. Obber wissn'S ja selber wäi die Frauen sin. Wenns nou an der Wänd dorddn hängd, dassders nemmer wechbringsd, nou soongs, des mouß widder wech, walls vill zer grouß is."
Ganz kurz hielt der Konrad inne und sagte dann: „Odder woors doch nachn Urlaub, wou mei Frau gsachd hodd, daß des Regal vuur die Kardoffln schdäid und daß scho zwaamol driibergfluung is? Naa, vuurn Urlaub is gween. Wallsersi ihr Gnechla oog'haud hodd an den Regal. Fraali, edzer fällds mer widder ei – und nou hodds im Schdubbai zon Doggder gmäißd."
In diesem Moment merkte der Konrad, daß sich der Verkäufer um die Knöchelverletzung seiner Frau überhaupt nicht kümmerte, sondern sich schon wieder zwei anderen Kunden widmete. Der Konrad schrie: „Ja, wann werd mern edzer dou amoul bediend!!? Der Willi antwortete: „Wenn'S wissn, wos wolln. A Regal, an Düübl, a Frau odder värzza Dooch Urlaub im Schdubbai? Und wenn'S blouß aweng zum Waafn kummer sin, nou genger'S ins Undergeschoß noo in die Dierabdeilung, erzilln'S Ihr Gschichd unsern Babbagei."
Da brüllte der Konrad zurück, daß normalerweise der Kunde König ist und kein Depp, der sich alles gefallen lassen muß, daß er zwei Schrauben gebraucht hätte und daß er sich anscheinend nicht in einem Fachgeschäft, sondern in einem Saftladen befindet.
Als er mit sanfter Gewalt zur Tür hinausgedrückt wurde, schlug er zurück. Wegen Körperverletzung wurde er zu einer Geldstrafe von 1600 Mark verurteilt. Im Gespräch mit seinem Anwalt danach bestand er darauf, daß man in die Berufung geht. „Warum?", fragte der Rechtsanwalt. „Walls doch nachn Urlaub gween is, wou si mei Frau an den Regal es Gnechla oog'haud hodd. Däi is nemli im Schdubbai weecher ihrer Galln zon Doggder und nedd wechern Gnechla." „Odder", fragte der Konrad, „is des fiirn Brozess vielleichd goornedd wichdich?"

... und die Taschen voller Senf

Der fränkische Mensch ist ja an sich als ein sehr geduldiges Lebewesen in den Biologiebüchern beschrieben. Bis zu einem gewissen Punkt erträgt er Unrecht wie eine Schildkröte ihren Panzer. Beim Eugen war dieser Punkt entschieden überschritten, denn er hat an jenem Samstag Mittag aus dem Magen geknurrt, daß es wie eine Rundfunkübertragung aus dem Raubtierhaus geklungen hat, und er ist in der Schlange an dem Bratwurststand immer der letzte gewesen – weil sich alle vorgedrängt haben.
Es ist jetzt am Amtsgericht noch einmal rekonstruiert worden, wie der Eugen immer gesagt hat „Iich gräicherd biddschenn ...“ und bevor er enden konnte „Zwaa im Wegg“, nahm schon wieder ein anderer Kunde das Bratwurstbrötchen in Empfang.
Der Eugen variierte dann seine in den Holzkohlenrauch gesprochenen Bestellungen und probierte es mit „Horng's Frollein, kennd iich ewendwell ...“, oder „Iich glaab, daß

iich vielleichd under Umschdändn an der Reihe bin. Iich mecherd gern zwaa Broudwerschd.“ Die Zwei im Weck wurden befehlsgemäß über die Theke gereicht, und wieder war ein Nachbar vom Eugen schneller.
Nach zwanzig Minuten war die Geduld des hungrigen Eugen erschöpft. Als ein gewisser Herr Franz ihm wieder zuvorgekommen war, brüllte er plötzlich: „Hosd edzer den Rambo gseeng?!! Du maansd gwieß, iich bin in Depp sei Schbion! Dou serfodd des Weggla her, sunsd rauschds im Kaddong!“ Dann entriß er dem Franz das bereits angebissene Bratwurstbrötchen. „Wenn i mei Goschn zouglasn hädd“, sagte der Franz vor Gericht, „nou hädder mer woorscheins es Weggla zammds mein Gebiß rauszuung.“
Nach dem Mundraub fragte der Vorbesitzer der zwei Bratwürste in trügerischer Freundlichkeit „Willsd an Sembf derzou?“ Und während der Eugen kauend auf sein Wechselgeld wartete, öffnete ihm der Franz ganz vorsichtig die Jackentasche und drückte sehr lange auf den Knopf des automatischen Senfspenders. „Ner ja“, sagte er bei seiner Vernehmung, „a Bfund Sembfd kennds scho gween sei, wou iich in sei Jaggndaschn neigloun hob.“
Der Eugen merkte aber nicht, daß seine Jackentasche immer praller wurde. „Häddn's vielleichd dreißg Bfenning“, fragte ihn die Verkäuferin, der das Kleingeld ausgegangen war. „Babbs ba Brobem, bes bommer bei“, sagte der Eugen, der wegen des immer noch im Mund befindlichen Bratwurstbrötchens eine sehr undeutliche Aussprache hatte. Es solllte heißen „Ibberhabbs ka Broblem, des hommer glei“.
Dann langte er in die Tasche und wurde innerhalb einer Zehntelsekunde völlig farblos im Gesicht. „In erschdn Momend“, sagte er, „hobbi gmannd, mir hodd anner in mei Daschn neigschissn. Suu hoddsi des oogfassd. Nou zäichi mei Hend widder raus, alles vuller Sembfd. Nou hobbi aus der Huusn a Daschnduch rausdou wolln, is däi aa vull Sembfd gween. Ner ja, nou hobbi des Zeich in den Moo sein Gsichd abgwischd.“ Bei diesem Abwischen verlor der Franz aber einen Zahn, so daß es das Gericht als eine kräftige Schelln einstufte und den Eugen zu einer Geldstrafe von 800 Mark verurteilte.

Der Radweg durchs Wohnzimmer

Wenn ein Stück Land künstlerisch wertvoll mit einer viereckigen Betonburg verschönert wird, dann müssen die Nachbarn zu den kühnen Bauplänen ihr Einverständnis geben. Falls ein Nachbar nicht unterschreiben will, helfen meist stichhaltige Argumente wie zum Beispiel die Aussicht auf eine kleine Abstandssumme oder auf Trümmer Schelln.
Bei der Bebauung eines Grundstücks im Westen der Stadt hat man vergessen, einen gewissen Herrn Josef M. um seine Zustimmung zu bitten.
Dieser Josef ist zwar kein Nachbar, aber er ist Jahrzehnte lang auf einem diagonal angelegten Trampelpfad mit seinem Fahrrad durch diese zweitausend Quadratmeter Brachland gefahren. Jetzt ist er wegen der Wahrnehmung seines Wegerechts vor Gericht gestanden.
Bereits einen Tag nach dem Einzug in das neue Haus auf dem Vorstadt-Grundstück hat es im Parterre früh um sieben Uhr geläutet. Dort wohnt der Hausbesitzer Eugen, der an diesem Tag die Möbelspedition erwartet hat. Er hat die Tür geöffnet. „Wäi iich die Diir aafmach“, sagte der Eugen, „dou fäährd aff aamol a Moo middn Fahrrad an mir vobbei ins Wohnzimmer nei, bremsd, machd die Diir vo der Derassn aaf und fährd aus der Wohnung widder naus. Iich hob a kalde Duschn gnummer, nou hobbi Fieber gmessn, ob alles in Ordnung is bei

mir. Schbeeder hobbi mer denkd ,Des wersd draamd hom, Eugen, daß dou anner middn Fahrrad durch die Wohnung gfoohrn is'."
Am andern Früh, pünktlich um sieben Uhr, läutete es wieder, der Eugen öffnete, und erneut rauschte der Radler mitten durchs Wohnzimmer. Es handelte sich um den Josef.
Dadurch, daß an diesem Tag die Möbel schon da waren, stieß er kurz vor der Ausfahrt an der Terassentür mit einer Glasvitrine zusammen. „Soong'S amol", schrie der durch das Zerbersten der Glasfüllung hellwach gewordene Eugen, „hom Sie vielleichd aweng an Badscher, odder wos!? Sie kenner doch nedd jeedn Fräih durch mei Wohnung durch foohrn. Iich hob dou a Haus herboud und kann Fahrradweech!"
Die Antwort des Radfahrers fiel ziemlich wortkarg aus: „Am besdn lassn'S fräih immer die Diir aaf. Nou brauchi nedd schellen." Dann fuhr er durch die Terrassentür wieder hinaus.
„Am driddn Dooch", sagte der Eugen, „hodds widder gschelld, und nou hobbi nimmer aafgmachd. Nou isser andersch rum gfoohrn, iiber die Derassndiir rei und vorna naus."
Am vierten Tag war der Josef fünf Minuten früher dran, und hatte deswegen Zeit, dem Herrn Hausbesitzer eine kurze Erläuterung zu geben. „Seid zwanzig Joohr", erklärte er dem Eugen, „bin iich iiber des Weechla in die Ärwerd gfoohrn. Und edzer hoggsdi du dou wäi ein Bfoonzer middn nei mid dein Scheiß Haisla. Dou gibds nerblous zwaa Möglichkeidn. Des Haus werd widder abgrissn, odder iich foohr durch dei Wohnung durch."
Weil der Josef aber zusätzlich auch an einem Freitag kurz nach Mitternacht schwer betrunken beim Heimwanken aus dem Wirtshaus auf sein Wegerecht gepochte hatte, eröffnete sich dem Gericht noch eine dritte Möglichkeit, und der Josef wurde wegen Hausfriedensbruch zu einer Geldstrafe von fast tausend Mark verurteilt.
„Also guud", sagte der Angeklagte nach dem Urteil zu seinem Kontrahenten, „bis morng Fräih ummer siemer. Und laß aff mein Radweech die Diir offn, gell!"

Gespräche am Lenkrad

Der freundliche Umgangston unter Autofahrern ist ein dunkles Kapitel der Menschheitsgeschichte, wie man aus den Akten des Verkehrsgerichts weiß. Dort stapeln sich tonnenweise die Rindviecher, blöden Hunde, Affen, Wildsäue und Hampelmänner, oder sonst erlesene Anreden, mit denen sich die Kapitäne der Vorfahrtstraßen höflich gegenseitig bezeichnen. Ein gewisser Eugen und sein Kontrahent namens Karl haben mit ihrem Streit trotz tausender ähnlich gelagerter Fälle selbst beim Gericht höchste Bewunderung hervorgerufen. Sie werden in den Akten der Justiz nicht nur durch ihren überdurchschnittlich großen Wortschatz einen Sonderplatz erhalten, sondern auch wegen ihrer artistischen Fahrweise. An einem Freitag nachmittag nach Büroschluß sind die beiden vornehmen Herren von der Innenstadt heimgefahren in Richtung Zabo. Beim Linksabbiegen von der Regensburger Straße in die Dürrnhofstraße soll der Eugen den Karl geschnitten haben. Daraufhin hat der Karl an der nächsten Ampel sein Fenster runtergedreht und seinem Nachbarn die eher rhetorische Frage gestellt: „Dir bläidn Gischbl homs gwiss in Führerschein am Fundbüro ausgschdelld?“ Worauf der Eugen halb im Auto liegend vom Fahrersitz zum Beifahrerfenster hinaus mit drei ganz einfachen Worten lediglich um

etwas mehr Ruhe bat. „Hald dei Maul!“ hat er gesagt. Womit die Unterhaltung der zwei Autofahrer allerdings noch nicht beendet war.
In dankenswerter Weise haben sie bei ihrer Diskussion aber den Verkehrsfluß in keiner Weise aufgehalten. Sie sind zügig nebeneinander hergefahren und haben ihre interessanten Argumente weiter durchs Fenster ausgetauscht. „Mei Maul“, hat der Eugen dem Befehl seines Nachbarn entgegengehalten, „mei Maul hald iich, wenn iich will. Obber iich kennder dei bläide Goschn a bissla boliern, dassd maansd, du bisd middern Dieffliecher zammgrumbld!“ Bei dieser Äußerung waren die zwei Autofahrer, mit ihrem Parallelslalom etwa in Höhe vom Uhren-Diehl angelangt. Dort schwang sich dann der Karl noch einmal in seiner Eigenschaft als Tarzan und Lautsprecher ans Fenster und sagte nur ein einziges Wort: „Huusnbrunser.“
Für mehr Worte war auch keine Zeit mehr, denn durch die angeregte Unterhaltung sind die Blicke vom Karl und vom Eugen leider nicht nach vorn gerichtet gewesen, wo schon wieder eine Ampel auf Rot geschaltet war und zwei Wagen nebeneinander gestanden sind. Der Karl ist mit einem lauten Schlag auf einen nagelneuen Mercedes aufgefahren und fast zeitgleich hat der Eugen im Kofferraum von einem BMW eingeparkt. Sofort nach dem doppelten Auffahrunfall hat sich der Eugen um die ersten notwendigen Maßnahmen gekümmert. Er ist aus dem rauchenden Auto gesprungen und hat zu dem geringfügig blutenden Karl am Steuer gesagt: „Du Neanderdaler, du dummgsuffner! Du mäisersd der amol dein Gniedlaskubf frisch vermessn loun – der is doch vill zer grouß für des bissla Hirn!“ Der Fahrer des stark demolierten Mercedes wollte den Streit schlichten und vorsichtig nachfragen, ob man sich eventuell kurz um die wirklichen Opfer des Unfalls kümmern könnte. Diese aber dann doch eher unvorsichtige Frage beantwortete der Eugen ohne Umschweife mit einer Schelln.
Er muß seinen Führerschein neun Monate abgeben, der Karl ein Vierteljahr. „Wenn si däi zwaa“, sagte einer der Zeugen nach der Verhandlung, „suu gern midderander underhaldn, nou solln ser si hald a Audodellefon eibauer loun.“

Aus der Welt der Tiere:

Kaviar fürs Zierkaninchen

Selbstverständlich gibt es noch einige wenige verarmte Menschen auf dieser Welt, die an Weihnachten vielleicht keinen Karpfen Provencale in Morchelspitzensauce auf dem Blattgoldteller liegen haben, keine elsässische Gänseleberpastete auf frischen Weinblättern und nicht einmal ein Trüffelweckla. Aber diese Menschen sind meistens selber schuld an ihrer Armut und außerdem schließt sie der Papst auch heuer wieder in seinen allumfassenden sogar bis in die Sowjetunion reichenden Segen „Urbi et Gorbi" ein. Unser Mitgefühl soll also an diesem Weihnachtsfest nicht den armen Menschen gelten, sondern den bedürftigen Tieren wie zum Beispiel dem viel zu kurz gekommenen Yorkshire Terrier, der Ziermakrele im Aquarium, dem Hausleguan, Nymphensittich oder dem Bamberger Dompfaff. Mit anderen Worten: Unsere Haustiere haben bisher am Fest der Liebe meist in ihren Käfigen darben müssen, kaum ein Mensch hat auf seinen wochenlangen Einkaufsmärschen durch die Innenstadt seines Kanarienvogels oder Meerschweinchens gedacht. Ihnen ist bei der Bescherung am Heiligen Abend das Maul sauber geblieben. Unser Sonnenschein, der mexikanische Kampfhund, sitzt in der Christnacht mutterseelenallein mit seinem Waffenschein im Wachturm vor der Villa, und kein Mensch serviert ihm vielleicht einen übrig gebliebenen Rentner, einen knusprigen Briefträger oder sonst was Schmackhaftes zum Fest. Aber die Zeiten ändern sich gottseidank und es werden unsere Herzen durch schöne Angebote im Tierzubehörhandel auch für die dringend notwendigen Bedürfnisse unserer Lieblinge geöffnet. Schon hören wir von einem Hundeparfüm, das Fläschlein zu fünfundsiebzig Mark, mit dessen Hilfe der Rauhhaardackel Waldi abends beim Schwofen im Stadtpark nicht mehr wie ein Iltis oder eine Wildsau stinkt, sondern wie ein richtiger Mensch.

Für die Windhündin empfiehlt sich zum Fest ein mit Rubinen oder Smaragden bestücktes Halsband, zwei Paar Joggingschühlein aus Kroko oder ein damastener Schwanzhalter. Dem Siamkätzchen sollen wir zu Weihnachten ein Rinderfilet aus den unendlichen Weiten der argentinischen Pampas einfliegen lassen und vielleicht süßsauer auf rheinische Art zubereiten. Als Getränk empfiehlt sich dazu außer frischer Eselstutenmilch auch ein ganz leichter Chablis Jahrgang 1884. Auf gar keinen Fall sollten bei einer Tierweihnacht ein Nerzdeckchen fehlen für den Zwergpudel, ein goldenes Kämmlein für den irischen Langhaarsetter oder eine Kreuzfahrt für zwei Personen, daß sich unser deutscher Schäferhund mit einer Hündin wieder einmal von ganzem Herzen kreuzen kann. Alles kriegen wir schon für wenige tausend Mark im Fachgeschäft. Chinchilla-Ohrenschützer, hübsche Dessous, Eyeliner oder Schnauzenstifte in allen Modefarben von Himbeer bis Aubergine, Sicherheitskondome für den Rammler, Kaviar fürs Zierkaninchen. Wenn wir bei den Einkäufen für die Hauskobra, die Zwerghühner oder Karl den Kolibri zufällig in der Stadt an einem Bettler vorüberhasten, sollen wir ihm kein Geldstück in den Hut schmeißen, sondern ihm sagen, daß er halt auch was Gescheites lernen hätte sollen. Zum Beispiel Deutscher Schäferhund, Hamster oder Papagei.

Das Wanderauto

Der Erich gehört zu jenen bedauernswerten Menschen, die sich nichts mehr merken können und statt täglich acht Halbe Bier lieber ein Achtel Tai Ginseng trinken sollen. Damit wird das Kurzzeitgedächtnis auch nicht besser, aber bei den Worten „Wos hobbi denn edzer soong wolln . . . oder hobbi goornix soong wolln . . . wos hommern haid für an Dooch . . . wäi haaß iich edzer glei widder?" lallt man nach dem Genuß von Tai Ginseng nicht so schwer wie nach acht Halben. Am Amtsgericht führte der Erich den ihm zur Last gelegten Autodiebstahl auf Störungen im Bereich der Großhirnrinde zurück. Der medizinisch nicht sehr geschulte Staatsanwalt plädierte aber auf Störungen im Bereich der Gezeitenfolge im Erich seinem Portemonnaie, wo nicht wie etwa an den Gestaden der Nordsee auf eine Ebbe eine Flut folgt, sondern auf eine Ebbe noch eine größere Ebbe.
Der Erich beschloß deswegen, seinen auf sechs Zylindern und einem ansehnlichen Kredit laufenden Wagen um zwanzigtausend Mark zu veräußern. Ein Herr Helmut zahlte an einem Samstag den gesamten Kaufpreis bar, erhielt dafür

ordnungsgemäß die Autoschlüssel, die Autopapiere und das Auto. Am darauffolgenden Montag war dieser Helmut noch im Besitz der Autoschlüssel und der Autopapiere, lediglich das Auto war nicht mehr da. Es tauchte am Wochenende wieder in einem Zeitungsinserat für erneut zwanzigtausend Mark bar auf. Es drehte sich dabei anscheinend um das von Wissenschaftlern bisher immer noch vergeblich gesuchte Phänomen des Perpetuum automobile.
„Des ist nerblous desweeng bassierd", sagte der Erich auf der Anklagebank, „wall mer iich nix mehr merkn koo, Herr Richder." Angeblich ist er an jenem Montagabend wie von magischen Kräften angezogen durch die Allersberger Straße spazierengegangen, wo zufällig der Helmut wohnt und zufällig der verkaufte Sportwagen am Gehsteig parkte. Zufällig hatte der Erich die Zweitschlüssel in der Hosentasche. „Iich laaf also dou aweng rum", erinnerte sich der Erich schwach, „und aff aamol sichi dou mei Audo schdäih. Ja Dunnerwedder, hobbi mer dengd, wäi kummd denn edzer dou mei Audo in die Allerschbercher Schdrass? Dou werri gesdern widder an ganz schäiner Breller g'habd hoom! Und nou hobbis hald aafgschberrd, hob mir neig'hoogd und bin hammgfoohrn. Also dou kenner'S mi edzer erschloong, Herr Richder, obber dassi mei Audo verkaffd hob – des woor in mein Gedächdnis wäi wechblousn. Des is fei schlimm, wemmer sowos hodd!"
Zwei Tage später dämmerte es dem mit Gedächtnisschwund behafteten Erich aber wieder, daß er irgendwie Geld braucht, und er hat sich schweren Herzens entschlossen, sein Auto zu verkaufen. Woher die gefälschten Wagenpapiere kommen, die bei einer Haussuchung gefunden wurden, wollte der Richter wissen. „Des hobbi vergessn", sagte der Erich. Das hohe Gericht erinnerte sich, daß auf Diebstahl und Urkundenfälschung in Tateinheit mit Gedächtnisschwund neun Monate mit Bewährung stehen, und es erinnerte sich weiters, daß auch eine Geldbuße von viertausend Mark angemessen sein könnte. Wovon er das bezahlen soll, fragte der Erich. „Zum Beispiel", meinte der Herr Rat, „von den zwanzigtausend Mark aus dem Autoverkauf." Daraufhin fragte der Erich: „Wos, Sie hom Ihr Audo um zwanzig Mille verkaffd und dou däädn'S mer vier Riesn leiher??!"

Die lebensgefährliche Dauerwelle

Immer am letzten Freitag im Monat läßt sich die Irmgard beim Friseur eine nach allen Regeln der Baukunst errichtete Dauerwelle legen, daß sie danach hundert Mark ärmer und ungefähr ein Stockwerk höher ist. Einer dieser Freitage, die nicht nur die Haarpracht, sondern auch das Selbstwertgefühl der Irmgard erhöhen, ist leider unter einem sehr ungünstigen Stern gestanden. Beziehungsweise unter einer Regenwolke.
Die frisch restaurierte Dame war von ihrem Haarkunststudio und ihrer Wohnung gerade gleich weit entfernt, als es plötzlich wie aus einem Wasserrohrbruch zu schütten anfing. Sie hatte weder einen Schirm dabei, noch eine seit vielen Jahrzehnten bewährte Wetterhexe. „Godzeidank", sagte sie jetzt vor dem Amtsgericht, „hobbi dervuur grood nu aweng wos eikaffd g'habd. Und nou hobbi däi Blasdiggdiidn vom Subbermargd iibern Kubf zuung."
Das hätte die Irmgard nicht tun sollen, denn es ergab sich dadurch ein Verkehrs-Chaos, das verschiedene Versiche-

rungsanstalten noch bis zum Ende des Jahres beschäftigen wird. Diese Plastiktüten haben nämlich die Eigenschaft, daß in ihnen weder eine Windschutzscheibe noch ein Rückspiegel eingebaut ist. Blind wie ein neugeborener Vogel stolperte die Irmgard durch das Unwetter.
Das erste Opfer war ein Herr Alfred, der am Gehsteig gerade im Begriff war, die Straße zu überqueren. „Dou sin nu a boor Audo kummer“, erinnerte sich der Alfred, „däi hobbi vobbei lassn wolln. Und aff aamol gräich iich einen Rembler vo hindn, dassi gmaand hob, iich bin aus verseeng inner Eishoggi-Schbill neikumer.“ Der Alfred flog durch diesen Body-Check der sichtbehinderten Irmgard auf die Straße. Bremsen quietschten, zwei Autofahrer konnten dem am Boden liegenden Alfred gerade noch ausweichen. „Nou hobbi“, sagte er, „aff amol in meiner linken Händ einen Schmerz gschbiird, dassi gmaand hob, mir hodd anner die Schbidz vo sein Schbazierschdogg neigrammd. Is mer däi Dolln mid ihre Schdeggerlasschouh eimbfach iiber die Händ dribbergloffn!!“
Nach ihrem Spaziergang über den Alfred hat die Irmgard tapfer auch noch den Rest der Straße überquert. Dieses Mal quietschten die Bremsen vergeblich. Ein Auto krachte an das Haltestellenschild der Nürnberg-Fürther Straßenbahn, ein anderes landete auf der gegenüberliegenden Seite an der Hauswand. „Iich bin mer vuurkummer wäi innern Horrorfilm“, sagte einer der Autofahrer vor Gericht, „schdäid dou aff amol a Frau ohne Kubf vuur meiner Kühlerhaum!“
Als die Unfallopfer wieder einigermaßen zu sich gekommen waren und die Irmgard nach den Gründen ihrer amokartigen Straßenüberquerung befragen wollten, sahen sie am Horizont gerade noch einen auf und ab hüpfenden Plastikbeutel verschwinden.
Die Unfallflucht wurde eingestellt, aber wegen der Einmischung in den Staßenverkehr ohne Blindfluggerät wurde sie zu einer Geldstrafe von 1200 Mark verurteilt. „Asuu a Gscheiß, nerblous weecher die Hoor am Kubf“, sagte der Herr Alfred, als er aus dem Gerichtsgebäude trat und sich die Herbstsonne melancholisch im Schein seiner Glatze spiegelte.

Der Gelbhaardackel

Die Anneliese ist eine alleinliegende Dame und hat außer ihrem Max fast keine anderen weltlichen Freuden mehr. Dieser Max ist ein in vielen Hundejahren ergrauter Rauhhaardackel, der verschiedene angenehme Begleiterscheinungen hat.

Er kläfft nachts sehr durchdringend und ausdauernd. Wenn man sich ihm auf fünf Meter nähert, beißt er nach einem kleinen Zwischenspurt, und wer in der Nachbarschaft früh wohlgemut aus der Tür schreitet und in was angenehm Weiches tritt, der weiß sofort: Der Max, der Liebling der Reihenhaussiedlung war schon kurz vorher da und hat am Gehsteig seine notwendigsten Geschäfte erledigt.

Vor Gericht hat die Anneliese geschildert, daß ihr Max im Grunde genommen eine Seele von Hund ist. Was man von einem gewissen Herrn Alfons nicht sagen kann, der wegen Tierquälerei angeklagt war.

Dieser Herr wohnt direkt neben der Anneliese und ist schon sehr oft in den Genuß der verschiedenen Liebesbeweise der Seele von einem Hund gekommen. Unter anderem hat er in

der Wade innerhalb von zwei Wochen drei Bißwunden davongetragen. „Des kummd dou dervoo, wallern dreimol am Schwanz draffgschdiing is“, erklärte die Anneliese die Verwundungen. „Wos häddin nou machn solln“, fragte der Alfons, „vielleichd an Brief schreim an den bläidn Hund, daß mei Gehschdeich ka öffndlicher Abbodd is!“
An einem Abend setzte der Max wieder ein größeres Häuflein Elend vor die nachbarliche Gartentür und war dann plötzlich für mehrere Stunden verschwunden.
Der Max verschwindet öfter, sagte die Anneliese, aber sie hört dann immer sein vertrautes Bellen und ist beruhigt. Dieses Mal war aber nichts zu hören. Die Anneliese alarmierte die Polizei, die Sanitäter, die Feuerwehr, den ADAC, die Bundeswehr und das Technische Hilfswerk, aber es hatte gerade niemand Zeit. Auch der Rettungshubschrauber war schon anderweitig im Einsatz.
Also irrte die Anneliese ganz allein durch die Straßen und suchte mit einem melodischen „Komm zum Frauli, Maxi“ ihren flüchtigen Zwergwolf. „Und aff aamol“, sagte sie vor Gericht, „hubfd wos an mir nauf – und nou hobbi gmaand, mir bleibd mei Herz schdäih, Herr Richder. Is mei Max vom Schwanz bis zu der Schnauzn gelb oogschdrichn gween. Wäi a Kanarienvuugl!“ Auch piepste der Max ähnlich wie ein Kanarienvogel. Infolge eines sorgfältig und fest um das Maul gewickeltes Klebeband konnte er nicht mehr bellen.
Als Urheber der Ausbesserungsarbeiten an dem Hund wurde eindeutig der Alfons ermittelt. In seiner Garage fand man noch Farbspuren und eine leere Spraydose.
Am anderen Morgen trottete der erste gelbe Hund in der Geschichte der Südstadt durch die Straßen. Er war entgegen seiner sonstigen Gepflogenheiten sehr kleinlaut. Danach ließ ihn die Anneliese scheren und reinigen. Der Alfons wurde wegen Verkleben und Färben eines Rauhhaardackels zu einer Geldstrafe von 550 Mark verurteilt.
Warum er den Max ausgerechnet gelb angestrichen hat, wollte das hohe Gericht wissen. „Nou hädd mern“, sagte der Alfons, „vielleichd als Posthund verwendn kenner. Des wär der erschde Briefdräächer gween, der zrigg beißd, wenner bissn werd.“

Vorsicht, flüssiger Hund

Der Robert ist eigentlich gelernter Maurer und war über zwei Jahrzente lang im Hochbau tätig. Nach dieser früheren Tätigkeit hat er sich an einem Montag Früh schwermütig zurückgesehnt, wie er in seinem neuen Beruf als Pflasterleger in einen folgenreichen Zwischenfall mit einem wahrscheinlich kurzsichtigen Hund verwickelt worden ist. Im zwölften Stock von einem Hochhaus wäre dem Robert das Mißgeschick mit dem Irrtum eines Hundes nicht passiert, weil auf so hohe Baustellen Hundebesitzer in der Regel ihre vierbeinigen Familienmitglieder nicht zum Verrichten der Notdurft schicken.

Vor dem Amtsgericht hat jetzt der komplizierte Fall noch einmal aufgerollt werden müssen. „Iich hobs suwiesuu scho aweng middi Nervn g'habd", sagte der als Zeuge geladene Robert, „wall hexdns a halbe Schdund bevuur des mid den Hund gween is, hobbi scho am libbsdn alles hiischmeißn wolln. Iich hob aff den Gehschdeich grood an Bflasderschdaa

gsedzd, schau midder Wasserwooch numol nouch, ob alles grood is – dou schdeichd mer a Moo vull aff mei Händ draff."
Dreißig Minuten später hatte sich der Robert von den Schmerzen einigermaßen erholt, setzte gerade den Abschlußstein unmittelbar neben einem Verkehrsschild und mußte sich bei der diffizilen Millimeterarbeit wieder ziemlich flach auf den Gehsteig kauern. In dem Moment näherte sich eine Dame namens Sylvia mit ihrem Windhund im Gefolge. Der Pfosten des Verkehrsschildes war das Stamm-Pissoir von diesem aristokratischen Vertreter der Hundewelt. Er hörte auf den wohlklingenden Namen Karli, beziehungsweise hörte er in diesem Augenblick nicht auf den Namen Karli. Er spähte gequälten Blickes nach allen Seiten, hob dann verträumt das Hinterbein und erledigte majestätisch seine Morgentoilette. „Karli, um Godzwilln, heer aaf!" rief die Sylvia noch, aber es hatte leider alles seinen Lauf genommen. Und schon wurde der in seine Arbeit vertiefte Robert vom Bannstrahl eines Windhundes getroffen. Zu seinem ein paar Meter entfernt arbeitenden Kollegen schrie er noch: „Asuu a Grambf, grood hodd nu die Sunner gschiener, und edzer schiffds scho widder!"

Aber dann merkte er, daß der warme Regen nicht vom Himmel kommt, sondern vom Karli, und rumpelte völlig verschreckt in die Höhe. Das wiederum muß den Windhund, der mit der Befeuchtung des Pflasterlegers noch nicht ganz fertig war, kurzfristig aus der Fassung gebracht haben.

„Es hodd ja", sagte der Robert vor Gericht, „wergli scho glangd, daß mi däi Dreegsau vonnern Hund eigweichd hodd. Obber nou schnabbd der aff aamol und beißd mi ins Ohr nei." „Ja, Sie hom hald mein Karli suu arch erschreggd", verteidigte sich die Sylvia. „Ner fraali", sagte der Robert, „woorscheins häddi schäi ruich am Gehschdeich liing bleim solln, bis der gnädiche Hund ferddich is."

Das Verrichten des Geschäftes über einem deutschen Flacharbeiter blieb straffrei, aber für den Biß ins Ohr muß die Sylvia vierhundert Mark zahlen. „Iich bin ner frou", sagte der Robert noch, „daß ba uns in der Schdadd kanne Bferd mehr gibd. Wall sunsd mäißerdn mir Bflasderer woohrscheins nu in Reddungsschwimmerschein machn."

Der Glühweinkönig

Der original Nürnberger Christkindlesmarkt-Glühwein wird bekanntlich nicht nur während der heiligen Wochen zur Erlangung einer inneren gnadenreichen Allgemeinstimmung getrunken, sondern bereits im frühen Herbst zum Beispiel zur Erbauung bei einem ansonsten meist nicht sehr erheiternden Fußballspiel. Nicht immer geht der Genuß von so einem Glühwein zur Zufriedenheit aller Beteiligten aus, wie es ein gewisser Josef aus Zabo bestätigen kann.

Dieser Herr schätzt am Samstag nachmittag einen Flachpaß in Verbindung mit einem Flachmann sehr. Beim Spiel des 1. FC Nürnberg gegen Bochum hatte er den Flachmann schon auf dem Weg ins Stadion seiner tieferen Bestimmung zugeführt und kaufte sich zur weiteren Erheiterung auf dem Stehplatz deswegen einen Schoppen gut gewärmten Glühwein. „Iich hob den Glühwein in der an Händ", erinnerte er sich jetzt vor Gericht sehr genau, „und es Wechslgeld in der andern, dreh mi rum, und nou hudzd anner an mich hii und nou is der Glühwein im Dreeg gleeng." Daraufhin stellte sich der Josef am Ende der langen Schlange noch einmal an und kaufte sich diesmal vorsichtshalber gleich zwei Schoppen von diesem köstlichen, kochend heißen und rot gefärbten warmen Wasser.

Er balancierte die zwei Styroporbecher bis zu seinem Stehplatz. „Dou hobbi", sagte er, „des Deggerla roo und wolld an Schlugg machn." Leider ereignete sich im gleichen Augenblick etwas, was im Nürnberger Stadion außerordentlich selten passiert – nämlich erzielte der 1. FC Nürnberg ein Tor. „Mei Voddermann", sagte der Josef, „brilld wäi am Schbieß, reißd die Arm in die Häich und haud mer mein Glühwein zammds in Becher ins Gsichd."

Der Herr Amtsgerichtsrat erkundigte sich freundlich nach dem zweiten Glühwein. „Den andern Becher", antwortete der Angeklagte weniger freundlich, „den hobbi vuur mich am Buudn hiigschdelld g'habd. Dou is der Doldi nou weecher den Door houchg'hubfd und wäi er widder rookummer is, isser aff den Glühwein draff gwaadschd. Der is mer nou in die Huusn gloffn." Der Josef wollte den Gegenwert der zwei Schoppen Heißgetränk ersetzt haben, worauf ihn sein Vordermann in aller Ruhe beschied: „Hald dei Maul."

Daraufhin stellte sich der Josef erneut am Glühweinstand an, kaufte sich fünf randvoll eingeschenkte Becher, die er in einem eigens dafür konstruierten Plastikgestell zu seinem Platz transportierte. Dort öffnete er in aller Ruhe den ersten Becher und schüttete seinem Vordermann den Viertelliter hinter den Mantelkragen, von wo er sich wärmend über den ganzen Rücken verteilte. Der Herr brüllte laut und lang, der Josef erkundigte sich, ob vielleicht schon wieder ein Tor für den Club gefallen ist, und dann schüttete er ihm den zweiten Glühwein in den Spalt zwischen Hemdkragen und Hals. Es ergab sich daraus eine kleine Rauferei, zu der die Polizei dann auch einen Notarzt hinzuziehen wollte. Die Blutlachen um die beiden Streithähne erwiesen sich aber doch nur als Glühwein.

Wegen Körperverletzung und Brandwundenstiftung wurde der Josef zu einer Geldstrafe von siebenhundertfünfzig Mark verurteilt. Der Herr Amtsgerichtsrat empfahl dem Angeklagten außerdem noch, sich vom Nürnberger Christkindlesmarkt und den dort stattfindenden Glühweinorgien fernzuhalten. „Warum", wunderte sich der Josef kopfschüttelnd, „schbilld der Glubb edzer gwiss immer am Haubdmargd?"

Schuld war nur die Ungeduld

Nicht alle Menschen sind mit dieser oft bewunderungswürdigen Geduld ausgestattet, mit der zum Beispiel unsere Politiker Tag und Nacht Probleme anpacken und dann mit Langmut, Gleichmut, Demut und am Ende mit Wermut behandeln. Geduld ist nicht nur eine politische Richtlinie, sondern auch eine menschliche Eigenschaft, ohne die man es im Leben höchstens zu einer Geldstrafe wegen Körperverletzung in Höhe von achthundert Mark bringt. Wie es der Fall von eklatantem Geduldmangel eines gewissen Herrn Herbert beweist.

Dieser Herbert ist in seiner Mittagspause in der Filiale einer Bäckereikette GmbH und Co KG e. V. gestanden und hatte sich in der Warteschlange schon in die sogenannte Pool-Position vorgekämpft. „Edzer geem'S mer amol", sagte die Dame vor ihm zu der Verkäuferin, „edzer geem'S mer amol a Schdiggla vo den Arrag-Schadd dou!"

Der Herbert vermutete schon, daß er bald an der Reihe ist, doch die Verkäuferin erläuterte dieser Dame, daß es kein Arrak-Schatt ist, sondern ein Eierlikörnapfkuchen. „Wäi schmeggdn nou der?" fragte die Dame. „Also, der werd fei

gern kaffd“, antwortete die Verkäuferin. „Ner ja“, sagte die Dame, „nou geem'S mer amol kann.“ Und fragte dann unter Zuhilfenahme von zwei deutenden Händen: „Wos issn nou des dou? Dou hindn des Schdiggla mid den Schogglood-Iiberzuuch?“ „Des dou, mid dera Mazziban-Kerschn?“ fragte die Verkäuferin zurück. „Naa, des ohne Mazziban-Kerschn. Mazziban moochi nedd.“
Worauf der Herbert sich in die Marzipan-Debatte einschaltete und sagte: „No, hommers edzer ball!?“ Was die Verschmäherin von Marzipankirschen in bewundernswerter innerer Ruhe überhörte und umdisponierte: „Nou häddn'S mer läiber drei Bambercher Hörnla geem, obber aweng dunkle.“
In der Filiale der Bäckereikette gab es aber erstens nur noch zwei Bamberger Hörnchen, und die waren zweitens beide nicht dunkel, sondern hell. „Ja, wos nehmin nou?“ fragte sich die vollkommen souveräne Kundin mehr selbst. „Iich konn der scho soong, wosd nimmsd“, brüllte daraufhin der Herbert, „am besdn nimmsd edzer deine Baaner in die Händ und schausd, dassdi schleigsd! An Arrag-Schadd, kann Arrag-Schadd, an Eiernabfkoung, kan Eiernabfkoung, a Mazziban-Kerschn, ka Mazziban-Kerschn, dunkle Bambercher, helle Bambercher – mir sin dou innern Bäggereiloodn und nedd bam heiteren Beruferaten!“ Worauf die Dame in aller Ruhe fragte: „Sin däi zwaa Mohnweggla dou frisch?“
Bevor die Verkäuferin hinter der Theke über das Verfalldatum der zwei Mohnbrötchen Auskunft geben konnte, versetzte der Herbert der Fragestellerin einen Schubser, daß sie gegen einen Tisch geschleudert wurde, wo sich dann eine Tasse voll heißen Kaffee über einen völlig unbeteiligten Herrn ergoß. Ungerührt schrie der Herbert nach seinem erfolgreichen Kampf ums Drankommen: „Zwaa Abflgrabfn!“ „Abflgrabfn hommer nemmer“, sagte die Verkäuferin noch, dann kam bereits die Polizei.
Wegen Körperverletzung wurde der Herbert zu einer Geldstrafe von achthundert Mark verurteilt. Er hätte Geduld haben sollen, denn mit ihr zahlt man keine Geldstrafe, sondern verdient im Monat ungefähr 15 000 Mark Abgeordnetengehalt.

Ein Monteur hat's schwer

Das Ersatzteil-Gewerbe ist nicht mehr das, was es einmal war. Wem durch einen internen Fahrtwind ein Druckknopf auf dem Sitzpolster abhanden gekommen ist, tut gut daran, sich ein neues Auto zu kaufen. Es geht schneller, kostet weniger und führt nicht zu einer Anklage wegen Körperverletzung.

Die Hausfrau Anni W. hat wegen ihrer mangelhaften Kenntnis des Ersatzteil-Marktes vor dem Amtsgericht erscheinen müssen. Sie hat darauf bestanden, daß ihr der Kundendienst-Monteur Herbert F. den Dichtungsring in ihrer Spülmaschine ersetzt. An einem Nachmittag im Februar hat sich unterhalb dieser Spülmaschine ein kleiner See befunden. Sie hat beim Spülmaschinen-Hersteller angerufen und um den Austausch eines Dichtungringes gebeten. Daraufhin ist ihr vom automatischen Telefonanruf-Beantworter mitgeteilt worden, daß die Firma zur Zeit nicht besetzt ist, die Anni jedoch eine Nachricht von zwanzig Sekunden hinterlassen kann. Sie hat auf dem Tonband nachweisbar die Nachricht hinterlassen: „Rimbfiecher – wemmers brauchd, nou sins nedd dou!“

Nach knapp zwei Wochen war es der Anni aber bereits gelungen, mit einem richtigen Menschen am Telefon zu sprechen, nämlich mit dem Herrn Herbert. Beeindruckt von weiteren Drohungen und Beschimpfungen versprach der

Monteur, zum frühestmöglichen Termin vorbeizuschauen. Der frühestmögliche Termin war der 25. Mai. Die Anni saß abends um halb acht vor dem Fernseher, die Küche war wie in den ungefähr 15 Wochen zuvor großflächig mit Putzlappen ausgelegt, um die Wassermassen aus der Spülmaschine aufzusaugen, als es läutete. „Griss Godd", sagte der Herbert, „ba Ihner is wos undicht, gell?" „Iich glaab, daß ba Ihner aweng wos undichd is", schrie die Anni, „im Februar hobbi oogruufn, und edzer kummersd im Mai middn bam Fernseeng derheergschissn. Dou konni ja frouh sei, dassd nedd am Heiling Oomd ba der Bescherung kummer bisd!"
Nach der Schlichtung der kleinen Meinungsverschiedenheit kroch der Herbert in das Innenleben der Spülmaschine, fragte nach einer halben Stunde, ob er ein Bier haben kann, und sagte dann nach einer weiteren halben Stunde: „Also, mir homs. Wenn'S mer dou gschwind underschreim deedn, und nou gräichi hundertzwaaradreißg Marg und a Fuchzgerla." Der Herbert hatte noch erläutern wollen, daß sich die 132,50 Mark aus einem Dichtungsring zusammensetzen, aus dem Stundenlohn und den Fahrtkosten. Doch zu dieser Erklärung ist es nicht mehr gekommen. „Dir werri glei hunderdzwaaradreißig Marg geem", brüllte die Anni, „du Verbrecher! Iich schberr di edzer in Abodd nei und nachern Värddljoohr konnsd mein audomadischn Dellefonanrufbeandworder froung, obsd widder rausderfsd!"
Bei diesen interessanten Vorschlägen zur Sicherheitsverwahrung eines Spülmaschinen-Monteurs ist es zu Handgreiflichkeiten gekommen, bei denen auch die Bierflasche eine Rolle spielte. Leicht am Kopf verletzt, schwer beleidigt und ohne 132,50 Mark stand der Herbert Minuten später draußen vor der Tür. Auch der kurz danach alarmierten Polizei teilte die Anni mit, daß sie dem Herrn Herbert die 132,50 Mark höchstens vom Buckel runterhaut.

Die Polizisten beschimpfte sie noch als Oberdeppen und als Handlanger von Schwerverbrechern. Wegen Beleidigung der Staatsgewalt, Verunglimpfung eines deutschen Spülmaschinen-Monteurs und Körperverletzung muß die Anni eine Geldstraße von 1600 Mark zahlen. Eine neue Spülmaschine gibt es schon ab 720 Mark.

Der Fahrrad-Schloßherr

Häufig kann man Menschen durch die Stadt wanken sehen mit gehetztem Gesichtsausdruck, weit geöffnetem Oberhemd, stark transpirierend und mit einem Fahrrad auf der Schulter. Es handelt sich um umweltbewußte Manager, die den Schlüssel von ihrem Fahrradschloß verloren haben. Man trägt sein Rad dann entweder heim nach Erlenstegen oder zum Schlüsseldienst Ellerwald. Manchmal muß man auch am Amtsgericht erscheinen.
Ein Herr Theo, Vermögens- und Anlageberater von Beruf, ist wegen Diebstahl und Sachbeschädigung angeklagt gewesen. Er ist Inhaber eines Fahrrads aus Titan mit einem maßgeschneiderten Rahmen und dem vergoldeten Schriftzug seines Namens drauf, einem hydraulisch gefederten Brokatsattel, mit handgearbeiteten Trommelbremsen und einer Luftpumpe mit Katalysator, so daß in die Hochdruckreifen nur vollkommen reiner, der Gebirgsluft ähnlicher Sauerstoff gelangt. Mit einem Wort, es ist ein Fahrrad um 8000 Mark,

das abgesperrt wie die Bank von England vor dem Büro auf seinen Einsatz lauert. Es ist durch eine drei Meter lange Sicherheitskette mit einem Zaun verbunden.
An einem Freitag Feierabend ist der Theo ratlos vor seinem Fahrrad gestanden. Der Schlüssel für die Sicherheitskette war nicht mehr da. „Zeerschd“, sagte der Theo vor Gericht, „binni in des Haushaldsgschäfd gleich um die Eggn ganger und hob mer an Eisnschneider um hunderdzwanzg Marg kaffd. Dou hobbi däi Keddn durchschneidn wolln. Nachera halm Schdund is der Eisnschneider abbrochn, die Keddn is zou bliem. Nou hobbi mer a Feiln kaffd.“ Nach zweistündigem Feilen sah man an der Kette einen ganz leichten Kratzer und am Himmel die Sterne stehen. „Nou“, erinnerte sich der Theo, „isser Bollizeischdreifn vobbeikummer und hodd mi gfrouchd, wossi dou mach. Nou hobbi gsachd, iich kidzl mei Fahrradkeddn, daß aa aweng wos zon Lachn hodd.“
Diese Bemerkung hatte zur Folge, daß die Polizei den Theo im Auge behielt. Der verzweifelte Fahrradbesitzer untersuchte im Schutz der Dunkelheit schließlich den schmiedeeisernen Gartenzaun und entdeckte, daß die Pfosten aus Holz waren. Minuten später hörte man ein Krachen, Knirschen und dumpfe Schläge, wie man sie manchmal auch von Holzfällern hört. Und kurz nach Mitternacht sah man, wie ein vornehm gekleideter Herr einen ungefähr fünf Meter langen Gartenzaun durch die Vorstadt Zerzabelshof schleifte mit hinten einem sündhaft teueren Fahrrad dran. Es hörte sich ungefähr so an, wie wenn durch Zabo die Panzer rasseln. Kurz danach nahm die Polizei den Theo, den Zaun und das Fahrrad fest.
Der Hausbesitzer, der von seinem Untermieter außer einem Gartenzaun auch noch sechs Monate rückständige Miete kriegt, zeigte den Theo an. Wegen Sachbeschädigung wurde er zu einer Geldstrafe von 1200 Mark verurteilt. „Dou binni scho gscheid frouh“, sagte der Hausbesitzer, „daß der sei Räädla nedd an den Beddongsoggl vo mein Haus hiigschberrd hodd. Wall der Gimbl wohnd ja drauß in Aldnfurd. Und wenni fräih aaafgwachd wär, hädd der sei Fahrrad und unser Haus beschdimmd scho bis nach Fischbach nauszuung g'habd.“

Aus der Welt der Unterhaltung:

Ein Dia-Abend im Kreis der Familie

Es beginnen jetzt im Herbst wieder die langen Abende, wo der fränkische Mensch in sich geht, über die irdische Vergänglichkeit schwer nachdenkt und seine Parabol-Antenne vom Taubendreck sorgfältig befreit, daß er Sky-Channel, Euro-Sport, Sat 1 und die 158 anderen Fernsehprogramme zur Verschönerung der einsamen Herbstnächte einwandfrei empfangen kann. Eine weitere, wunderbare Abendbeschäftigung zur Erbauung der Familie und des gesamten Freundeskreises ist die gemeinsame Besichtigung der Urlaubs-Dias.
Dieser Dia-Vortrag beginnt damit, daß der Herr des Hauses den vor genau einem Jahr angeblich in der Wäschekommode verstauten Dia-Projektor holt. Er befindet sich nicht in der Wäschekommode, auch nicht im Kleiderschrank, nicht in der Kartoffelhürde oder hinter der selbsteingemachten Johannisbeerkonfitüre, nicht im Weinkeller, und auch im Aschenkasten des Kachelofens sucht der Hausherr vorläufig vergeblich. Es vergeht also der erste Teil des Dia-Vortrages unter dem ständigen Brüllen „Wou hobbdn Ihr Rimbfiecher mein Dia-Brojeggder hii!!?" Nach zwei Stunden entdeckt ihn der Suchdienst mitten auf dem Schreibtisch des Familienvorstandes, wo er ihn wegen der Beschleunigung der Vorbereitung eines Dia-Vortrages auch zwei Stunden vorher hingestellt hat.

Während die zur Vorführung der Irland-Bilder geladenen Freunde schon jeweils sieben bis acht Flaschen Guiness haben und verschiedentlich vor Spannung und Vorfreude eingenickt sind, werden unter etwa 50 000 Dias diejenigen aus Irland ausgesucht. Schon wird die Mutter nach dreistündiger Fahndung fündig, doch der Herr Gemahl winkt ab: „Des sin doch die Dia vo vuur an Joohr." Es entwickelt sich aus dieser Bemerkung folgender Dialog. Ehefrau: „Vuur drei Joohr

hommer doch die Enkerla derhamm g'habd, wall die Junger nach Mallorga gfluung sin. Dou simmer doch ibberhabbs nedd im Urlaub gween." Der Ehemann: „Gschmarri! Middi Enkerla, des woor vuur vier Joohr. Vuur zwaa Johr simmer es erschde mool in Irland gween, und vuurigs Joohr aff die Malediivn. Und aff den Dia dou schdäid a Neecher neber dir, der wou dir zon Essn immer die dobblde Bozzion geem hodd. In Irland gibds kanne Neecher. Also sin des Dias vom vuurichn Joohr." „Erschdns", erwidert die Ehefrau, „woor des mid den Neecher vuur fimbf Joohr in Kenia, zweidns hodd mer der a aanzigs mool an Dindnfiisch exdra am Deller draff, den wou iich suwiesuu nedd mooch, und driddns hosd du damals gleich bam Begrüßungsoomd mid den Bfliidschla vonnern Zimmermaadla a halbe Schdund lang an langsamer Walzer danzd, obwohl daß die Kabelln a Bolga gschbilld hodd!"
Anschließend werden der Reihe nach das Verlängerungskabel gesucht, die Kristall-Leinwand, gesalzene Erdnüsse, Kartoffelchips, zwei Enkelkinder und immer noch die Dias vom diesjährigen Irland-Urlaub, der unter Umständen aber auch vor zwei Jahren stattgefunden haben kann. Es stellt sich heraus, daß die Enkelkinder außer den Erdnüssen heimlich auch die kleinen, braunen Hydro-Kugeln aus den Blumentöpfen gegessen haben und dadurch mit einer schweren Magenverstimmung im Schlafzimmer liegen. Beim Aufwischen der Magenverstimmung findet die Oma unterm Bett zufällig das Verlängerungskabel.
Die auf den Dia-Vortrag harrenden Gäste sind beim zehnten bis zwölften Guiness-Bier angelangt und haben dadurch schon einen vorläufigen Eindruck von Irland und seinen Sehenswürdigkeiten. In dem Moment, wo der Hausherr brüllt „Lichd aus! Es gäid oo!" geht das Licht aus, und die Republik Irland fällt in Gestalt von drei vollen Dia-Magazinen auf den Boden. Mit der Pfeil-Taschenlampe im Mund, mit der man eigentlich auf wichtige Bildausschnitte auf der Leinwand hinweisen kann, sammelt der Vorführer die Dias am Boden wieder ein und sortiert sie sorgfältig, daß sie nicht seitenverkehrt sind oder auf dem Kopf stehen.
Weit nach Mitternacht erscheint das erste Bild auf der

Leinwand. Es ist ein keniatischer Oberkellner, wie er der Dame des Hauses einen Tintenfisch serviert. Der Ober steht auf dem Kopf und ist seitenverkehrt. Dennoch erkennt der Ehemann, was er seinerzeit schon vermutet hatte und schreit in die Dunkelheit: „Schau doch amol hii, wos der der Neecherbibbers fiir Aung hiidreed!“
Es versteht aber niemand, denn die Gäste schlafen durch den Genuß des Guiness schon, die Enkel befinden sich beim Notarzt, und die Ehefrau weiß nicht, was das irgendwie dumpf klingende Gebrüll bedeuten soll, weil der Ehemann immer noch die Taschenlampe im Mund hat.
Ein Dia-Vortrag, ganz gleich ob über Irland, über Kenia oder weit über Mitternacht, ist immer sehr interessant.

Inhaltsverzeichnis